Christian Ofner

Pikantes Gebäck vom Ofner

stv

Christian Ofner

Pikantes Gebäck vom Ofner

Backen wie der Profi
Band 4

Zwiebelbaguette, Oliven-Grissini, Speckweckerln, Zupfbrot & Co

Leopold Stocker Verlag
Graz – Stuttgart

Alle Fotos: Kurt Elmleitner (www.kurt-elmleitner.at)

AUF WUNSCH SENDEN WIR IHNEN GERNE KOSTENLOS UNSER VERLAGSVERZEICHNIS ZU:
Leopold Stocker Verlag GmbH
Hofgasse 5
Postfach 438
A-8011 Graz
Tel. +43 (0)316/821636
Fax. +43 (0)316/835612
E-Mail: stocker-verlag@stocker-verlag.com
www.stocker-verlag.com

BIBLIOGRAPHISCHE INFORMATION DER DEUTSCHEN NATIONALBIBLIOTHEK
Die Deutsche Nationalbibliothek verzeichnet diese Publikation in der Deutschen Nationalbibliographie; detaillierte bibliographische Daten sind im Internet über http://dnb.d-nb.de abrufbar.

Hinweis: Dieses Buch wurde auf chlorfrei gebleichtem Papier gedruckt. Die zum Schutz vor Verschmutzung verwendete Einschweißfolie ist aus Polyethylen chlor- und schwefelfrei hergestellt.
Diese umweltfreundliche Folie verhält sich grundwasserneutral, ist voll recyclingfähig und verbrennt in Müllverbrennungsanlagen völlig ungiftig.

ISBN 978-3-7020-1681-4

Umschlaggestaltung, Layout und Repro:
Werbeagentur Rypka GmbH, A-8143 Dobl/Graz,
Unterberg 58-60, www.rypka.at

Inhaltsverzeichnis

Inhaltsverzeichnis

Meine lieben Backfans!

Mein mittlerweile viertes Buch führt Sie diesmal in die wunderbar vielfältige Welt der herzhaften Brot- und Gebäcksorten. Herrliche Baguettes mit Tomaten oder Oliven verfeinert, Ciabatta mit Trüffelöl und Nüssen, jede Menge kreative schmackhafte Backwaren vom Laugenknopf bis zum Knusperstangerl sowie hausgemachte Burger warten nun auf Sie. Bei jeder Party oder Familienfeier werden Sie mit diesen selbst gemachten Brot- und Gebäckspezialitäten Ihre Gäste begeistern.

Seit Jahren schon gelingt es mir, viele Menschen zum Selberbacken von Brot und Gebäck zu bewegen. Jeder, der es einmal versucht hat, ist von seinen hausgemachten Köstlichkeiten begeistert. Dass Selberbacken wieder so ein Boom ist, freut mich natürlich sehr. Tausende Backschüler haben in den letzten Jahren an meinen Kursen teilgenommen oder sehen sich via Youtube meine Backvideos an. Laufend bekomme ich Mails mit tollen Bildern und Lob zu den Rezepten zugesandt. Wen der Backvirus ge(b)ackt hat, den lässt er auch nicht mehr so schnell los.

Die Voraussetzung für Freude am Backen sind gelingsichere, einfach nachzumachende Rezepte. Deshalb bleibe ich meiner Linie treu: Die Brote und Gebäckspezialitäten im vorliegenden Buch können von jedem nachgebacken werden, ohne großen Aufwand oder stundenlange Teigruhezeiten. Und die Rezeptfotos versprechen nicht zu viel. Die Gebäcke schmecken wirklich so gut wie sie aussehen!

Die Zutaten für pikantes Brot und Gebäck bekommen Sie in jedem Supermarkt. Frische Kräuter oder Samen können ganz nach individuellem Geschmack verwendet werden und verleihen Brot und Gebäck einen tollen Geschmack.

Leider haben viele Mitmenschen schon verlernt, wie richtig gutes Brot schmeckt. Die Industrie überhäuft uns mit Einheitsprodukten aus Backmischungen, und das Bäckersterben wird uns leider auch die nächsten Jahre begleiten.

Daher liegt es an jedem Einzelnen, auch an Ihnen, das Selberbacken wieder populär zu machen. Erzählen Sie Ihrer Familie und Ihren Freunden von Ihren Backwerken, laden Sie liebe Gäste ein und veranstalten Sie gemeinsame Backnachmittage oder eine Party, bei der Sie mit selbst gebackenen Gebäckspezialitäten aufwarten.

Nehmen Sie Ihr Brot selbst in die Hand!
Ich wünsche Ihnen ganz viel Freude beim Nachbacken.

Christian Ofner
DER BACKPROFI

Danksagung

Mein Buch lebt nicht nur von seinen Inhalten, sondern auch von seinen lebendigen Bildern. Daher möchte ich mich ganz herzlich bei meinem lieben Freund Kurt Elmleitner für seinen unermüdlichen Einsatz beim Fotografieren der Brot- und Gebäckspezialitäten bedanken. In wenigen Wochen haben wir es gemeinsam geschafft, meine Backwerke perfekt in Szene zu setzen. Wir hatten immer großen Spaß und lustige gemeinsame Stunden. Vielen Dank, lieber Kurt!

Besonderen Dank möchte ich meinem lieben Freund Hans Windisch vom Hügellandhof in Vasoldsberg (Steiermark) aussprechen. Er hat sich sofort bereit erklärt, mit mir gemeinsam ganz tolle Burger zu kreieren. Hans war so in seinem Element, dass wir gleich sechs unterschiedliche schmackhafte Burger entwickelt haben. Danke, Hans! Ich weiß das sehr zu schätzen, du bist nicht nur ein guter Freund, sondern wirklich ein Spitzenkoch der Sonderklasse.

Bedanken möchte ich mich auch bei meinen lieben Freunden bzw. Kumpels für den ständigen Besuch am Abend in meiner Zentrale in Gleisdorf. Es war jedes Mal super lustig, und es ist nie auch nur ein Stück Brot oder Pizza übrig geblieben *g*.
Martin, Sandor, Rene, Tommy und Daniel – durch eure großartige Unterstützung musste ich das ganze Brot und Gebäck nie alleine aufessen ;-). Und ihr habt auch immer fleißig bei der Endreinigung geholfen – danke, Jungs!

Großen Dank möchte ich der Firma Vulcano Schinkenmanufaktur bzw. der Familie Habel aussprechen. Ohne auch nur eine Minute zu überlegen, bekam ich jede Menge feine Wurst- und Fleischspezialitäten, die ich in meinen Rezepten verwertet habe. Herzlichen Dank!

Zu guter Letzt möchte ich mich am meisten bei meiner lieben Frau Michaela bedanken. Michaela hat mir wie immer den Rücken freigehalten und musste oft auch am Abend auf mich verzichten. Danke, Schatz! Ich liebe dich und weiß deine Unterstützung sehr zu schätzen.

Und ganz schnell noch ein Danke an meine liebe Katze Lilly! Egal, wann ich in der Nacht nach Hause gekommen bin, mein Stubentiger hat schon immer auf mich gewartet und sich gefreut, dass der Spielkollege endlich zu Hause ist.

Meinen lieben Facebook-Fans möchte ich auf diesem Wege auch noch danken, für eure Geduld, meine Postings zu später Stunde zu ertragen, für das enorme Echo und Feedback, das ich von euch erhalte, aber vor allem für eure Treue! Viele von euch sind wirklich Fans seit der ersten Backprofi-Stunde! Danke dafür!
www.facebook.com/ofnerderbackprofi

Ihnen, liebe Leserinnen und Leser, danke ich schon im Voraus für Ihr Feedback zu den Backergebnissen unter ***office@derbackprofi.at***

Einleitung

Allgemeine Informationen zum Thema Backen

Mehl und Backzutaten

Der Großteil der Brote und Gebäcksorten wird mit Weizenmehl der Type 700 zubereitet. Dieses klassische „Bäckermehl" hat die optimalen Voraussetzungen für meine Rezepte. Auch früher, als ich noch fleißig in der Backstube gearbeitet habe, wurden fast alle Backwaren mit diesem Mehl zubereitet. Dieses Mehl hat einen sehr guten Klebergehalt und perfekte Backeigenschaften für tolle Ergebnisse.

Ich persönlich bevorzuge die Mehle in Bio-Qualität. Achten Sie beim Kauf des Mehles auf heimische, regionale Produkte. Wenn Sie eine Mühle in der Nähe haben, dann fahren Sie dort hin und kaufen dort ein.

Sparen Sie nicht beim Einkauf und geben Sie ruhig ein paar Cent mehr für Qualitätsprodukte aus. Achten Sie gegebenenfalls auf unbehandelte, naturreine Mehle. Und seien Sie kritisch, hinterfragen Sie auch die Herkunft des Getreides!

Mehltypen

Die Mehltype gibt an, wie viel Asche beim Verbrennen von 100 g Mehl zurückbleibt.

Für die Bestimmung der Typenzahl wird in einem Muffelofen bei ca. 900 °C das Mehl 2 Stunden verascht. Der zurückgebliebene Ascherückstand ergibt die Typenzahl. Da nur die organischen Mehlbestandteile verbrennen, die Mineralstoffe aber als nicht verbrennbarer Rückstand übrig bleiben, ist die Typenzahl das Maß für den Mineralstoffgehalt. Die Typenzahlen in Österreich sind nicht gleich wie jene in Deutschland.

MEHLSORTE	GER	AUT
Weizenmehl, bevorzugtes Haushaltsmehl, gute Backeigenschaften	Type 405	Type W480
Weizenmehl mit höchster Klebereigenschaft, backstark für feinporige Teige	Type 550	Type W700
Weizenmehl dunkel mit höherem Schalenanteil, z. B. für Mischbrote	Type 1050	Type W1600
Roggenmehl	Type 997 od. 1150	Type R960 „Normal"
Mehle mit vollem Kornanteil haben keine Typenzahl	Vollkornmehl	Vollkornmehl
Dinkelmehl	Type 630	Type 700

Ausmahlungsgrad

Je mehr in der Mühle von den äußeren Schichten des Korns entfernt werden, desto heller ist das Mehl und desto geringer ist der Anteil an Mineral- und Ballaststoffen im Mehl. Denn die Randschichten des Korns (Schalenteile) sind besonders reich an Mineralstoffen. Bei Vollkornmehlen wird das ganze Korn – samt Schale (wird auch Kleie genannt) – vermahlen. Deshalb gibt es bei Vollkornmehlen keine Typenbezeichnungen.

Beispiele:

- Die Type W480 ist ein sehr helles Weizenmehl, das fast nur aus dem mineralstoffarmen Mehlkörper besteht.
- Die Type W1600 dagegen enthält auch die meisten Randschichten des Korns (hoher Ausmahlungsgrad).
- Dazwischen liegt Type W700, das in Österreich meist verwendete Weizenmehl in Bäckereien (deshalb auch „Bäckermehl" genannt).

Lagerung von Mehl

Mehl ist ein Lebensmittel, das auf keinen Fall zu warm gelagert werden sollte. Optimal sind kühle, dunkle Räume. Vor allem im Sommer ist darauf zu achten, dass die Mehlpackung immer gut verschlossen ist. Ganz luftdicht sollte Mehl aber nicht gelagert werden. Riecht das Mehl muffig oder sind dünne Fäden zu sehen, sollte man es sofort entsorgen.

Verwendung von Vollkornmehlen

Selbstverständlich kann man alle Rezepte auch mit frisch gemahlenen Vollkornmehlen nachbacken. Aber ganz ehrlich: Foccacia oder Olivenbrot schmeckt aus meiner Sicht schon besser, wenn man es mit „normalem" Auszugsmehl zubereitet. Aus meiner persönlichen Erfahrung würde ich generell dazu raten, nicht immer 100 % Vollkornmehl zu verwenden, denn die gebackenen Produkte sind dann teilweise recht „schwer" und gehen auch nicht so gut auf wie mit hellem Mehl. Sehr gute Ergebnisse kann man erzielen, wenn man z. B. 50 % Vollkornmehl und 50 % normales Mehl verwendet. Dann hat man zumindest zur Hälfte Vollkornmehl in Verwendung, und die gebackenen Brote oder Gebäckstücke gehen gut auf, bekommen ein schönes Volumen und sind auch gut gelockert.

In der Regel benötigen Vollkornmehle eine höhere Zugabe von Flüssigkeit. Ist das Mehl wirklich ganz frisch gemahlen, kann man davon ausgehen, dass man ca. 10 % mehr Flüssigkeit braucht, als in einem Rezept für „normales" Auszugsmehl angegeben. Ich empfehle daher, zu Beginn die angegebene Menge vom Rezept zu nehmen und den Teig beim Kneten genau zu beobachten. Sofern dieser zu fest ist, ganz langsam und tröpfchenweise Flüssigkeit nachgeben.

Austausch von Weizenmehl gegen Dinkelmehl

Es spricht gar nichts dagegen, anstatt Weizenmehl Dinkelmehl zu verwenden. In diesem Fall sollten Sie allerdings die folgenden Tipps beachten:

- Dinkelmehl hat einen nicht so starken Klebergehalt wie Weizenmehl. Daher sollte man die Knetzeit um mindestens 2 Minuten reduzieren. Auch nur langsames anstatt intensivem Kneten ist beim Dinkelmehl zu empfehlen.
- Vor dem Backen sollte die Gehzeit etwas reduziert werden. Hier kann man keine genaue Richtlinie festlegen, diverse Backversuche haben aber gezeigt, dass im Vergleich zu Produkten aus Weizenmehl jene aus Dinkelmehl ca. 10 Minuten früher in den Backofen geschoben werden können.
- Die Wasseraufnahme von Dinkel hängt natürlich von vielen Faktoren ab. Meine Erfahrung hat gezeigt, dass normales Dinkelmehl der Type 700 etwas weniger Wasser aufnimmt als im Vergleich dazu Weizenmehl der Type 700. Aber hier gibt es keine genaue Grundregel, da Mehl ein Lebensmittel ist, das sich ständig verändert und vielen Einflüssen der Umwelt ausgesetzt ist.

Verwendete Zutaten bei den Rezepten

Ich verwende bei meinen Rezepten ganz normale, handelsübliche Zutaten, die man in jedem Supermarkt kaufen kann. Mehl, Butter, Olivenöl, Zucker oder Hefe sind die Hauptzutaten in fast allen Rezepten.

Aber auch frische Kräuter aus dem Garten können wunderbar und beliebig zum Aromatisieren von Teigen verwendet werden, Kreativität ist gefragt!

Verwendung und Backeigenschaften von Zucker

Zucker hat die Hauptaufgabe, den Teig zu süßen. Er ist aber auch als Nahrung für die Hefe sehr wichtig. Der Zucker hat daher vor allem Auswirkungen auf den Geschmack, die Bräunung beim Backen sowie die Konsistenz des Teiges bzw. des Gebäcks. Ich habe bei meinen Rezepten normalen, handelsüblichen Feinkristallzucker verwendet. Aber auch Rohrzucker oder brauner Zucker können gerne verwendet werden. Falls gewünscht, können Sie die Zuckermenge in den Rezepten auch etwas reduzieren.

Butter oder Olivenöl?

Butter oder Öl machen den Teig fein und geschmeidig. Für mich ist aber vor allem der Geschmack sehr wichtig.

Daher verwenden Sie bitte immer Butter und nicht Margarine oder andere Fette für die Rezepte im Buch. Da alle Teige relativ kühl geführt werden, können Sie Butter direkt aus dem Kühlschrank verwenden. Sie können diese gegebenenfalls mit einem Messer etwas zerkleinern, damit sie sich beim Kneten schneller auflöst.

Aromen und Gewürze

Wie schon erwähnt, können Sie Kräuter und Gewürze, geschrotete Kerne oder Samen ganz nach persönlichem Belieben zur geschmacklichen Verfeinerung von Teigen verwenden. Bei einigen Rezepten verwende ich auch abgeriebene Zitronenschale zur Aromatisierung. Hierbei soll-

ten Sie beachten, dass die Schale zum Verzehr geeignet, also unbehandelt ist. Die Zitronen vor dem Abreiben der Schale dennoch kurz waschen.

Einige meiner pikanten Brot- und Gebäcksorten enthalten Oliven, eingelegte Tomaten oder andere herzhafte Zutaten. Die Oliven werden meist in Scheiben geschnitten, Tomaten oft in groben Stücken dem Teig beigefügt. Vor allem bei eingelegten Tomaten habe ich ganz normale, handelsübliche Produkte verwendet. Wichtig ist es, Früchte/Zutaten mit hohem Feuchtegehalt mit Küchenpapier abzutrocknen. Bevor man diese dem Teig untermischt, sollte man sie leicht bemehlen, dann verteilen sie sich besser im Teig.

Frische Hefe oder Trockenhefe

Ich verwende in diesem Buch für alle Rezepte frische Hefe. Ich bin zwar ein großer Fan von Trockenhefe, aber die Triebkraft von frischer Hefe ist auf jeden Fall besser. Es ist aber fast nie notwendig, ein Dampfl (einen Vorteig) zu bereiten. Die frische Hefe einfach nur mit den Fingern leicht zerbröseln und direkt zu den Zutaten geben. Bei den sehr weichen Teigen löse ich die Hefe zuerst im Schüttwasser auf.

Sollte die Hefe einmal mit Salz in Berührung kommen, dann ist das nicht so schlimm. Wird der Teig relativ rasch geknetet, hat dies keinerlei negative Auswirkungen.

Die Hefe sollte unbedingt immer frisch sein. Schon beim Öffnen der Verpackung sollten Sie darauf achten, dass die Hefe einen typischen, frischen Geruch hat. Es sollten keinerlei Verfärbungen zu sehen sein.

Falls Sie die Rezepte jedoch mit Trockenhefe zubereiten wollen, finden Sie auf der nächsten Seite eine Umrechnungstabelle. Grundsätzlich ist aber noch zu erwähnen, dass Trockenhefe eine längere Aktivierungszeit benötigt als frische Hefe. Erfahrungen haben gezeigt, dass die Gehzeit vor dem Backen bis zu 15 Minuten länger dauern kann. Bereitet man die Teige mit Trockenhefe zu, dann sollte diese unter das Mehl gemischt werden.

TROCKENHEFE (G)	FRISCHE HEFE (G)
1,00	3
1,33	4
1,66	5
2,00	6
2,33	7
2,66	8
3,00	9
3,33	10
3,66	11
4,00	12
4,33	13
4,66	14
5,00	15
5,33	16
5,66	17
6,00	18
6,33	19
6,66	20
7,00	21

Verwendung von Bio-Gerstenmalzmehl in den Rezepten

Beim von mir verwendeten Gerstenmalzmehl handelt es sich um ein reines Naturprodukt. Es wird aus gemälzter Gerste hergestellt, die aus biologischem Anbau stammt. Bei der Malzherstellung wird die Gerste zum Keimen gebracht und anschließend wieder getrocknet. Anschließend wird das Gerstenmalz schonend vermahlen.

Tipp vom Backprofi

Ich verwende mein Bio-Gerstenmalzmehl (erhältlich auf www.derbackprofi-shop.at) für alle Rezepte, da es wunderbare Backeigenschaften hat.

Vorteile beim Backen durch die Zugabe von Gerstenmalzmehl:

- besseres Volumen
- schönere Färbung des Gebäcks
- geschmackliche Verbesserung von Krume und Kruste
- mehr Rösche (Gebäck wird knuspriger)

Der Einsatz von Gerstenmalzmehl ist nicht zwingend erforderlich, aber durch die Zugabe wird das Gebäck qualitativ hochwertiger, schmeckt besser und bekommt eine

knusprige Kruste! Die Zugabemenge beträgt bei Weißgebäck etwa 2 % der Mehlmenge.

Alternativ können Sie auch Honig, Zucker oder Rübensirup verwenden, um mehr Volumen bzw. eine bessere Kruste beim Brot zu erzielen. In Bio-Läden oder Reformhäusern gibt es auch flüssiges Malz zu kaufen. Dieses kann 1:1 verwendet werden.

Verwendung von Bio-Roggenvollkornsauerteig (getrocknet)

Backen mit selbst hergestelltem Sauerteig ist mit viel Aufwand verbunden und birgt einige mögliche Fehlerquellen. Daher habe ich einen Bio-Roggenvollkornsauerteig entwickelt, der nach seiner natürlichen Reifung schonend getrocknet, gemahlen und in Dosen abgefüllt wird (erhältlich auf **www.derbackprofi-shop.at**).

Der getrocknete Sauerteig kann direkt zum Mehl gegeben werden. Daher ist kein Ansetzen oder Anrühren des Sauerteiges mehr nötig. Roggenvollkornsauerteig versäuert den Teig auf natürliche Weise. Dadurch entsteht im Brot eine aromatische Säure, das Brot hat eine sehr gute Schnittfestigkeit und hält sich lange frisch.

Alternative: Natürlich können Sie auch frischen Sauerteig für die Rezepte verwenden. Nehmen Sie die fünffache Menge von der angegebenen Menge Trockensauerteig im Rezept. Bedenken Sie aber, dass Natursauerteig aus Mehl und Wasser besteht. Das enthaltene Wasser vom Sauerteig müssen Sie daher bei Rezepten mit Trockensauerteig noch in Abzug bringen. Wie Sie Sauerteig selbst herstellen können, können Sie in einer detaillierten Anleitung mit Schritt-für-Schritt-Fotos auf meiner Homepage nachlesen (**www.derbackprofi.at**).

Backen wir es an!

Grundregel Nummer 1 beim Backprofi: genau wiegen, messen und arbeiten und vor allem zu Beginn das Rezept komplett durchlesen! Machen Sie sich Gedanken über die Arbeitsschritte und dem Ablauf.

Dann können Sie auch sicher sein, dass Sie ein perfektes Backergebnis erzielen werden.

Nur keinen Stress aufkommen lassen. Backen soll Spaß machen, und eine gute Vorbereitung ist schon die halbe Miete. Stellen Sie alle Zutaten zu Beginn gleich auf die Arbeitsfläche, so können Sie verhindern, dass etwas vergessen wird. Wiegen Sie alle Zutaten mit einer grammgenauen Küchenwaage (am besten funktioniert das Wiegen, wenn alle Backzutaten separat abgewogen werden).

Backzubehör

Einige Küchenhelferlein sind beim Backen von Brot und Gebäck unverzichtbar. Eine Sprühflasche zum Besprühen der Teiglinge, eine Teigspachtel, ein Teigmesser, ein Rollholz und Gärkörbe z. B. sollten in keinem Hobbybäcker-Haushalt fehlen!

Teigthermometer

Wichtigstes Kriterium zum Backen von qualitativ hochwertigen Backwaren ist eine optimale Teigtemperatur. Diese wird durch die Temperatur der Flüssigkeit, die dem Teig zugegeben wird, gesteuert.

Ist die Wassertemperatur zu hoch, ist in Folge auch der Teig zu warm, und die Hefe verbraucht bereits am Anfang der Teigentwicklung ihre ganze Kraft.

Ist das Wasser zu kalt, hat die Hefe auch keine optimalen Bedingungen („zu wenig Nahrung"), um sich im Teig zu vermehren, was sich wiederum negativ auf die Qualität der Backwaren auswirkt.

Sie finden bei jedem Rezept die genaue Temperaturangabe, wie warm das Wasser bzw. die Milch sein soll. Mit einem Teigthermometer können Sie die Temperatur des Wassers perfekt kontrollieren, sodass Sie in weiterer Folge ein perfektes Backergebnis erzielen können. Außerdem können Sie mithilfe eines Teigthermometers die Temperatur des Teiges sowie die Kerntemperatur von gebackenem Brot und Gebäck messen. Fertig gebackenes Brot sollte im Kern mindestens 96 °C haben.

Backen im Sommer

Wenn die Hitze im Hochsommer so richtig zuschlägt, sollten Sie auch bedenken, dass Sie die Teige etwas kühler zubereiten müssen. Reduzieren Sie daher die Wassertemperatur um einige Grade. In einer Bäckerei werden im Sommer große Mengen an Crushed Ice (zerstoßenes Eis) bzw. Eiswürfel benötigt, um die Teige zu kühlen.

Teigkneten mit der Küchenmaschine

Das Zubereiten eines Teiges ist heutzutage nicht mehr sehr schwierig. Viele sind bereits im Besitz einer Küchenmaschine. Ich bereite meine Teige mit einem Kenwood Cooking Chef zu. Zu Beginn lasse ich den Teig immer auf der kleinsten Stufe kneten (MIN). Wenn ich den Teig etwas intensiver kneten möchte, stelle ich höchstens auf Stufe 1 (auf keinen Fall bei höchster Stufe kneten – natürlich kann ich hier nur für die Kenwood-Küchenmaschine sprechen). Geben Sie dem Teig die Zeit, die er braucht, bis er optimal ausgeknetet ist.

Kneten mit dem Handmixer

Mit den Knethaken des Handmixers lassen sich Teige gut kneten. Hierbei kann es aber immer wieder vorkommen, dass der Mixer heiß wird und nach kurzer Zeit nicht mehr ordentlich rührt. Damit so etwas nicht passiert, können Sie die Zutaten zuerst mit dem Handmixer gut verrühren und anschließend den Teig mit der Hand fertig kneten.

Kneten mit der Hand

Wenn Sie weder eine Küchenmaschine noch einen Handmixer besitzen, können Sie den Teig natürlich mit der Hand kneten. Das Problem hierbei ist lediglich, dass Sie versuchen sollten, mit so wenig zusätzlichem Mehl wie möglich auszukommen. Um einen Teig mit der Hand ordentlich auszukneten, müssen Sie diesen mindestens 10 Minuten intensiv kneten, bis er ganz glatt ist. Bei sehr weichen Teigen empfiehlt sich das Rühren (Schlagen) mit einem großen Kochlöffel.

Dem Teig nach dem Kneten etwas Ruhe gönnen

Sie sollten den Teig nach dem Kneten immer rasten lassen, und das am besten zugedeckt, damit er an der Oberfläche nicht austrocknet. Es reicht vollkommen aus, wenn dies bei normaler Raumtemperatur geschieht. Die Ruhezeit nach dem Kneten soll dem Entspannen des Teiges und zur Entwicklung der Hefebakterien dienen.

Aufarbeiten des Teiges

Hat sich der Teig nach dem Kneten etwas entspannt, können Sie mit der Aufarbeitung beginnen. Zum Aufarbeiten des Teiges oder der Teiglinge werden hin und wieder einige Utensilien benötigt. Eine Teigkarte zum Abstechen,

Knödel formen würden. Ist die Teigkugel dann fertig geformt, benötigt sie wiederum etwas Ruhe und Zeit zum Entspannen. Hierfür sollte sie wieder mit einem Geschirrtuch oder einem Bäckerleinen abgedeckt werden.

Spricht man vom Wirken, dann wird meist ein größeres Teigstück rund geformt, also gewirkt. Dies sollte auch auf einer leicht bemehlten Arbeitsfläche passieren. Am besten gehen Sie hier so vor, dass Sie das Teigstück vor sich liegend von oben beginnend locker zur Mitte hin einschlagen und dann mit dem Handballen den äußeren Teig immer wieder leicht in die Mitte einschlagen, bis die Teigkugel eine einigermaßen runde Form hat.

Nach dem Rundwirken muss der Teig je nach Rezept wieder rasten. Diese Entspannungszeit ist sehr wichtig für die weitere Aufarbeitung. Ohne Rastzeit wäre der Teig überhaupt nicht elastisch und könnte nicht ausgerollt

Lineal oder Maßband, Teigmesser, Pinsel ... im Prinzip lauter einfache Utensilien, die sich bei vielen in der Haushaltslade finden und vor dem Aufarbeiten griffbereit herausgelegt werden sollen. Bemehlen Sie die Arbeitsfläche zum Aufarbeiten der verschiedenen Gebäcksorten nur ganz leicht. Verwenden Sie zu viel Mehl, ist es relativ schwierig, den Teig gut weiterzuverarbeiten.

Besonders gut lässt sich der Teig formen, wenn Sie die Teigoberfläche ganz leicht befeuchten, das können Sie einfach mit einer Sprühflasche oder einem feuchten Tuch machen.

Schleifen oder Wirken?

Spricht man vom Schleifen, dann werden relativ kleine Teigstücke rund geformt, also geschliffen.

Ausgangsbasis von vielen Gebäckstücken sind geschliffene Teigkugeln. Um diese Teigkugeln herzustellen, müssen Sie den Teig in Stücke teilen (das sind dann die Teiglinge) und diese rund formen. Das funktioniert sehr gut auf einer ganz leicht bemehlten Arbeitsplatte oder auch zwischen den leicht feuchten Händen. Hier ist aber etwas Übung auf jeden Fall von Vorteil.

Verwenden Sie nicht zu viel Mehl beim Schleifen der Teiglinge. Am Anfang mit etwas mehr Druck das Teigstück kreisförmig bewegen. Anschließend den Druck reduzieren und locker in der Hand laufen lassen, bis die Oberfläche schön glatt ist. Die Teigkugel aber nicht „überschleifen". Mit etwas Übung dauert das im Schnitt pro Teigling 4–6 Sekunden.

Bei sehr weichen Teigen können Sie gerne mehr Mehl zum Schleifen verwenden. Hierfür empfehle ich, die Teigkugeln in der Hand zu schleifen – so, als ob Sie einen

werden. Auch diese Ruhezeit sollte der Teig im abgedeckten Zustand verbringen, um eine Hautbildung auf jeden Fall zu vermeiden. Auch hier können Sie mit einer Sprühflasche etwas nachhelfen.

Formen

Sollen die Teiglinge zu länglichen Weckerln geformt werden, so werden die gerasteten Teigkugeln zunächst flach gedrückt, dann wird eine Seite mit den Fingern zur Mitte hin eingeklappt, die andere Seite wird ebenfalls zur Mitte geklappt und mit den Fingern festgedrückt, dann wird das Teigstück mit beiden Händen länglich geformt. Ist das Gebäck fertig geformt, braucht es meist noch einige Zeit zum Gehen. Diese zweite oder teilweise sogar dritte Gehzeit ist sehr wichtig für das Volumen und vor allem für die Lockerung des Gebäcks.

Gehen lassen vor dem Backen

Bei einer Umgebungstemperatur von ca. 30–36 °C kann die Hefe im Teig sehr gut arbeiten und für ein tolles Volumen sorgen.

Gut geeignet zum Gehen lassen von Germteig ist natürlich eine Wärmelade. Ich lasse jedoch vor allem schwere Teige (viel Zucker, viel Butter) auch im Backofen bei ca. 35–40 °C gehen. Die neueren Backofenmodelle können bereits auf diese geringen Temperaturen eingestellt werden. Bei den älteren Modellen ist es oft so, dass die Temperatur erst ab 50 °C eingestellt werden kann. Ist das der Fall, können Sie ja kurzfristig die Temperatur des Backofens so einstellen und den Ofen immer wieder kurz ein- und ausschalten.

Soll der Teig im Backofen gehen, muss er nicht mit einem Geschirrtuch abgedeckt werden. Wichtig: nicht darauf vergessen, dass der Backofen zu einem späteren Zeitpunkt (ohne Inhalt) wieder rechtzeitig vorgeheizt werden muss!

Backbleche mit Löchern

Lochbleche eignen sich hervorragend zum Backen von allen Arten von Gebäck. Teilweise sollten Sie unbedingt Backpapier verwenden, vor allem, wenn der Teig gefüllt ist. Trotz Backpapier kommt genügend Hitze durch die vorhandenen Löcher, und das Gebäck wird sehr gut durchgebacken.

Sie können natürlich auch normale Backbleche ohne Löcher zum Backen verwenden. Wenn diese beschichtet sind, brauchen Sie die Bleche nicht zu befetten oder mit Backpapier auszulegen (außer, wenn es sich wie schon oben erwähnt um gefüllte Gebäckstücke handelt).

Verwendung von Backpapier

Handelsübliches Backpapier ist in der Regel immer größer zugeschnitten als das Backblech selbst. Daher ist es zu empfehlen, dieses auf beiden Seiten etwas einzufalten, damit es die gleiche Größe wie das Backblech hat. Ansonsten kann es vorkommen, dass der Überschuss an Backpapier beim Backen das Gebäck abdeckt und es daher nicht gleichmäßig gebräunt wird.

Abstand auf dem Blech

Lassen Sie auf dem Backblech zwischen den Teigstücken stets genügend Abstand, die Teiglinge dürfen nicht zu knapp nebeneinander liegen, damit sich die Hitze bei allen Gebäckstücken gleichmäßig verteilen kann. Wird es zu eng, verwenden Sie lieber ein zweites Blech. Beim Backen sollten Sie dann jedoch beachten, dass Sie nach ⅔ der Backzeit die Position der beiden Bleche wechseln (oberes Blech nach unten und umgekehrt) und die Backzeit eventuell um einige Minuten verlängern müssen.

Wärme & Feuchte – gut für Germteig

Ein Germteig hat es nicht nur gerne warm, er liebt auch eine höhere Luftfeuchtigkeit. Der Bäcker in der Backstube hat hierfür eigens einen Gär- oder Klimaschrank mit optimalen Bedienungen. Im Prinzip geht es darum, dass die Oberfläche des Teiges nicht zu sehr austrocknet. Bei manchen Backofenmodellen kann sogar ein Dampfstoß ausgelöst werden, während der Teig zum Gehen im Backofen ist. Ich persönlich bevorzuge aber meine geliebte Sprühflasche – sie reicht für diese Zwecke immer vollkommen!

Beim Gehenlassen von Teig im Backofen immer Ober-/Unterhitze einschalten, niemals Heiß- oder Umluft, weil dabei ja der Ventilator im Backofen in Betrieb wäre und diese Luftbewegung die Oberfläche des Teiges rasch austrocknen würde.

Vorbereiten zum Backen

Zum Backen von Brot und Gebäck sollte der Backofen grundsätzlich immer vorgeheizt werden. Die bei den Rezepten angegebenen Temperaturen sind allesamt Richtwerte, weil unterschiedliche Backofenmodelle natürlich auch unterschiedliche Backeigenschaften haben. Viele Gebäcksorten sollen mit Dampf gebacken werden, dazu stellen Sie ein hitzebeständiges Gefäß in den Ofen, das Sie vor dem Backen mit Wasser oder Eiswürfeln befüllen.

Backen mit dem Backstein/Pizzastein

Durch die Verwendung eines Backsteines können Sie ein perfektes Backergebnis erzielen. Den Backstein immer gut vorheizen (mindestens 45 Minuten!), das Brot/Baguette dann direkt auf den Stein legen und wie im Rezept angegeben backen. Dadurch entsteht beim Backen eine dicke, schmackhafte Kruste und ein ähnlich gutes Backergebnis wie in einem Holzofen!

Sogar in einem Kugelgrill können Sie Brot und Gebäck backen. Hierbei empfiehlt sich aber die indirekte Methode am besten.

Backen mit einem Kombi-Dampfgarer

Ich habe viele Brot- und Gebäcksorten in einem Miele DGC6600 gebacken. Bei diesem Gerät kann man den Dampfstoß manuell auslösen oder mit der Funktion Kombigaren mit Feuchte und Hitze gleichzeitig arbeiten. Wer keinen Dampfgarer besitzt, behilft sich wie in meinen Rezepten jeweils angegeben mit einem Gefäß mit Wasser oder Eiswürfeln, das in den Ofen gestellt wird. Wenn Sie einen Dampfgarer besitzen, bitte beachten Sie genau die Hersteller-Anleitung für die Zubereitung verschiedener Produkte – auch für das Backen von Brot und Gebäck geben die meisten Hersteller detaillierte Anweisungen.

Klopfprobe

Ist Ihr Brot oder Gebäck fertig gebacken, nehmen Sie es aus dem Backofen und klopfen Sie auf die Unterseite. Das Geräusch muss sich dumpf bzw. hohl anhören, dann ist das Brot gut durchgebacken. Verliert Ihr Brot oder Gebäck nach dem Backen schnell an Rösche, dann sollten Sie die Backzeit einige Minuten verlängern und die Temperatur vom Backofen um etwa 10 °C reduzieren.

Auskühlen von Brot

Wenn Sie das Brot aus dem Backofen nehmen, lassen Sie es immer gut auskühlen. Am besten legen Sie es auf einen Rost, so dass von unten Luft durchströmen kann. Wenn Sie Ihr Brot auf dem Backblech auskühlen lassen, kann es vorkommen, dass die Rösche rasch verloren geht, da das fertige Gebäckstück zu schwitzen beginnt (es wird an der Unterseite feucht).

Anschneiden von frischem Brot

Auch wenn der Duft noch so verlockend ist und die Familie schon ganz nervös wird, lassen Sie Ihr Gebäck immer gut auskühlen, sonst kann es vorkommen, dass die Krume noch sehr klebrig ist. Bei noch warmem Broten empfiehlt es sich, die Schneide des Brotmessers leicht mit Öl zu bestreichen, bevor Sie das Brot anschneiden. Verwenden Sie immer ein gutes Brotmesser mit scharfen Zacken. Brot beim Aufschneiden immer sägen, nicht drücken!

Lagerung von Brot

Für die Lagerung von Brot empfiehlt sich eine Brotdose, vorzugsweise aus Zirbenholz. Auch Brottöpfe aus Ton oder Leinensäcke halten Ihr Brot lange frisch. Auf keinen Fall sollten Sie Brot im Kühlschrank lagern. Hierbei baut die Stärke des Getreides sehr rasch ab, und das Brot wird schnell trocken.

Einfrieren von Brot

Möchten Sie Ihr Brot einfrieren, sollten Sie es gleich portionsweise verpacken. Geben Sie das Brot nach dem Auskühlen in einen Gefrierbeutel, verschließen ihn gut und geben ihn in das Tiefkühlfach oder in die Gefriertruhe. Länger als maximal 2–3 Monate sollten Sie Brot auf keinen Fall tiefkühlen, da es im Tiefkühler nach längerer Zeit austrocknet.

Auftauen

Zum Auftauen nehmen Sie das Gebäck aus dem Tiefkühlschrank und lassen es im Gefrierbeutel über Nacht langsam bei Raumtemperatur auftauen.

Wenn Sie einmal auf die Schnelle Gebäck aus dem Tiefkühler brauchen, können Sie das Gebäck noch im gefrorenen Zustand im Backofen langsam bei 100 °C auftauen. Die Auftauzeit richtet sich natürlich nach der Größe (im Schnitt zwischen 10 und 20 Minuten).

„Slow baking"

Wenn Sie Freunde einladen und mit einem hausgemachten Brot überraschen wollen, kann es mit dem Backen am gleichen Tag möglicherweise etwas stressig werden. Aber es gibt eine gute Nachricht: Sie können speziell die Rezepte aus diesem Buch gut vorbereiten, weil Sie die geformten Teige bzw. Teiglinge ohne Probleme im Kühlschrank rasten lassen können (sogar über Nacht!). Verwenden Sie allerdings bei den Rezepten um ⅓ weniger Hefe und reduzieren Sie die Wassertemperatur um etwa 4 °C.

Arbeiten Sie wie beschrieben das Rezept auf. Wenn Sie Ihr Brot und Gebäck fertig geformt haben, decken Sie es mit Frischhaltefolie ab und stellen es in den Kühlschrank. Dort sollte es in der Regel ca. 8 °C haben, so kann die Hefe ihre Aktivität verlangsamen.

Heizen Sie dann zum gegebenen Zeitpunkt den Backofen gut vor. Gleichzeitig können Sie bereits das Blech mit den Backwaren aus dem Kühlschrank stellen. Wenn der Ofen vorgeheizt ist, wie gewohnt backen.

Zu guter Letzt

Alle Rezepte in diesem Buch wurden von mir mindestens dreimal gebacken. Bitte beachten Sie folgende Tipps, damit auch Ihr Brot und Gebäck perfekt gelingen:

- Lassen Sie sich Zeit beim Backen. Lesen Sie vor Beginn des Backens alle Rezeptschritte genau durch!
- Halten Sie sich genau an die Angaben im Rezept. Benutzen Sie auf jeden Fall eine grammgenaue Küchenwaage.
- Achten Sie auf richtig temperiertes Wasser! Eine optimale Teigtemperatur ist Grundvoraussetzung für perfektes Brot und Gebäck.
- Alle verwendeten Zutaten sollten Raumtemperatur haben, die Butter können Sie direkt aus dem Kühlschrank verwenden, Sie sollten sie allerdings klein schneiden.
- Beobachten Sie den Teig beim Kneten! Hin und wieder kann es vorkommen, dass man die Küchenmaschine zwischendurch ausschalten und den Teig etwas einscheren (abputzen) muss, wenn er sich nicht gut vom Kesselrand löst.
- Die Teigkonsistenz ist abhängig von der Wasseraufnahme des Mehles. Grundsätzlich sollen die Teige aber eher weich geführt werden.
- Durch unterschiedliche Mehlqualitäten kann es natürlich zu minimalen Abweichungen bei der Teigfestigkeit/Konsistenz kommen. Mehl ist ein Lebensmittel, das sich immer wieder verändert. Beobachten Sie daher den Teig genau beim Kneten.
- Scheren Sie nach dem Kneten den Teig mit Hilfe einer Teigkarte ab bzw. geben Sie ihn vom Kesselrand in die Mitte.
- Den Teig nach dem Kneten immer mit einem Geschirrtuch abdecken, Zugluft vermeiden!
- Die angegebene Backzeit soll ein Richtwert sein. Wenn Ihr Brot oder Gebäck nach der von mir angegebenen Backzeit noch zu wenig Farbe hat, dann einfach noch ein paar Minuten länger im Backofen lassen.
- Färbt Ihr Gebäck beim Backen zu schnell, reduzieren Sie sofort die Temperatur Ihres Backofens um ca. 20 °C.
- Überprüfen Sie hin und wieder die tatsächliche Temperatur des Backofens mithilfe eines Backofenthermometers.
- Verliert Ihr Gebäck nach dem Backen schnell an Rösche, verlängern Sie die Backzeit und reduzieren Sie die Hitze um 10 °C.

Kleingebäck
mit dem gewissen Etwas

Kapitel 1

Laugenknöpfe

Knetzeit:
3 Minuten langsam,
6 Minuten intensiver,
gesamt 9 Minuten

Teigruhe nach dem Kneten:
15 Minuten

Gehzeit vor dem Backen:
ca. 20 Minuten + 10 Minuten ohne Abdeckung (Hautbildung erwünscht)

Backzeit:
ca. 16 Minuten bei 200 °C Heißluft oder 220 °C Ober-/Unterhitze

***Brezenlauge ist im Fachhandel und online in flüssiger Form erhältlich (z. B. unter www.derbackprofi-shop.at). Es gibt aber auch so genannte Laugenperlen, die in Wasser aufgelöst werden. Die Lauge kann auch mit Natron selbst hergestellt werden. In jedem Fall die Herstellerangaben bezüglich Menge, Zubereitung und Vorsichtsmaßnahmen genau befolgen!**

*** Wird das Backpapier vor dem Backen leicht eingeölt, lässt sich das Laugengebäck danach leichter lösen!**

Zutaten für 12 Stück

445 g	Bio-Weizenmehl Type 700
9 g	Salz
9 g	Bio-Gerstenmalzmehl
26 g	Butter
12 g	frische Hefe
235 g	Wasser (22 °C)

ca. 100 g Brezenlauge* zum Bestreichen

Sesam, Leinsamen, Sonnenblumenkerne und grobes Brezensalz zum Bestreuen

Zubereitung

- Alle Zutaten genau einwiegen und den Teig wie angegeben kneten, anschließend 15 Minuten zugedeckt rasten lassen.
- Den Teig auf eine leicht bemehlte Arbeitsfläche geben, Teigstücke zu je ca. 60 g auswiegen, diese rund schleifen und auf ein mit Backpapier** ausgelegtes Backblech legen.
- Die Teiglinge etwas flach drücken, mit Wasser leicht befeuchten, mit einem Geschirrtuch abdecken und 20 Minuten bei Raumtemperatur rasten lassen.
- Den Backofen auf 200 °C Heißluft vorheizen und ein hitzebeständiges Gefäß in den Backofen stellen.
- Nach 20 Minuten das Geschirrtuch von den Teiglingen entfernen und weitere 10 Minuten ohne Tuch rasten lassen, damit sich an der Oberfläche eine leichte Haut bildet.
- Schutzhandschuhe (Einweghandschuhe) überziehen und in einem Gefäß die Brezenlauge vorbereiten (Vorsicht beim Hantieren mit der Lauge! Verätzungsgefahr! Kinder sollten nicht in der Nähe sein. Beachten Sie die Hinweise für die Laugenzubereitung lt. Hersteller!)
- Die Laugenknöpfe nun mithilfe eines Siebschöpfers ganz in die Brezenlauge eintauchen und wieder auf das Backblech legen.
- Danach die Samen und Kerne sowie etwas Brezensalz darüberstreuen und jedes Weckerl mit einem scharfen Teigmesser drei- bis viermal tief einschneiden.
- Mit wenig Dampf backen, dazu wenig Wasser oder einige Eiswürfel in das hitzebeständige Gefäß schütten und die Knöpfe auf der mittleren Schiene des Backofens backen, eventuell nach ⅔ der Backzeit das Backblech einmal wenden.
- Auf einem Küchenrost auskühlen lassen.

Speckweckerln
(Speckfladen)

Knetzeit:
8 Minuten langsam, 2 Minuten intensiver, gesamt 10 Minuten

Teigruhe nach dem Kneten:
30 Minuten

Gehzeit vor dem Backen:
ca. 30 Minuten

Backzeit:
ca. 25 Minuten bei 200 °C Heißluft oder 220 °C Ober-/Unterhitze

Zutaten für 9 Stück

TEIG	
375 g	Wasser (32 °C)
15 g	frische Hefe
325 g	Bio-Roggenmehl Type 960
175 g	Bio-Weizenmehl Type 1600 oder Type 700
10 g	Salz
10 g	Bio-Gerstenmalzmehl
25 g	Bio-Roggenvollkorn-sauerteig (getrocknet)
15 g	Schweineschmalz
5 g	Kümmel, gemahlen

BELAG	
ca. 200 g	Räucherspeck (z. B. Vulcano)
ca. 200 g	Pizzakäse*
Brezensalz	

Zubereitung

- Das Wasser in eine Rührschüssel geben, die Hefe beimengen und mit einem Schneebesen verrühren, bis sich die Hefe aufgelöst hat.
- Die restlichen Zutaten für den Teig genau einwiegen und alles wie angegeben kneten, den Teig auf eine bemehlte Arbeitsfläche geben, locker rund formen und 30 Minuten zugedeckt rasten lassen.
- Zwei Backbleche mit Backpapier auslegen und für den Belag den Speck in Streifen oder Würfel schneiden.
- Den Teig auf eine stark bemehlte Arbeitsfläche geben und Teigstücke zu je ca. 100 g auswiegen.
- Mit bemehlten Händen den eher weichen Teig locker rund zu Weckerln formen, diese auf das Backblech legen und mit den Fingern leicht flach drücken.
- Die Teiglinge mit einem Geschirrtuch abdecken und bei Raumtemperatur ca. 30 Minuten rasten lassen.
- Den Backofen auf 200 °C Heißluft vorheizen und ein hitzebeständiges Gefäß in den Backofen stellen.
- Vor dem Backen die Teiglinge mit Speck belegen und reichlich Pizzakäse über die Teigfladen streuen, zum Abschluss noch etwas Brezensalz darüberstreuen.
- Mit wenig Dampf backen, dazu etwas Wasser oder einige Eiswürfel in das hitzebeständige Gefäß schütten und die Speckfladen auf der mittleren Schiene des Backofens backen, eventuell nach ⅔ der Backzeit das Backblech einmal wenden.
- Nach dem Backen auf einem Küchenrost auskühlen lassen.

Statt Pizzakäse können Sie natürlich jeden beliebigen Käse verwenden und diesen selbst reiben.

Jourgebäck

Knetzeit:
3 Minuten langsam, 6 Minuten intensiver, gesamt 9 Minuten

Teigruhe nach dem Kneten:
*15 Minuten + 15 Minuten Zwischengare**

Gehzeit vor dem Backen:
ca. 30 Minuten

Backzeit:
ca. 14–16 Minuten bei 225 °C Heißluft oder 245 °C Ober-/Unterhitze

Zwischengare ist der Fachbegriff für die Gehzeit, wenn man z. B. den Teig nach dem Kneten rund formt und diese Teigkugel vor dem Formen des Gebäckstückes/der Gebäckstücke noch einmal gehen lässt.

Zutaten für 12 Stück

360 g	Bio-Weizenmehl Type 700
7 g	Salz
8 g	Bio-Gerstenmalzmehl
4 g	Feinkristallzucker
13 g	Butter
9 g	frische Hefe
200 g	Wasser (22 °C)

Pizzakäse*, Sesam, Mohn, Leinsamen, Sonnenblumenkerne und grobes Brezensalz zum Bestreuen

Zubereitung

- Alle Zutaten genau einwiegen und den Teig wie angegeben kneten, anschließend 15 Minuten zugedeckt rasten lassen.
- Den Teig auf eine leicht bemehlte Arbeitsfläche geben, zwölf Teigstücke zu je ca. 50 g auswiegen, diese rund schleifen und nochmals ca. 15 Minuten zugedeckt bei Raumtemperatur rasten lassen.
- Anschließend die Teiglinge nach Belieben aufarbeiten bzw. formen, mit Wasser befeuchten und mit Käse, Samen, Kernen oder Brezensalz bestreuen.
- Die fertig geformten Teigstücke auf ein Backblech legen, mit Wasser besprühen, abdecken, und bei Raumtemperatur ca. 30 Minuten gehen lassen.
- Den Backofen auf 225 °C Heißluft vorheizen und ein hitzebeständiges Gefäß in den Backofen stellen.
- Das Jourgebäck vor dem Backen nochmals gut mit Wasser besprühen.
- Wasser oder Eiswürfel in das hitzebeständige Gefäß schütten und anschließend das Gebäck auf der mittleren Schiene des Backofens backen, eventuell nach ⅔ der Backzeit das Backblech einmal wenden.
- Nach dem Backen auf einem Küchenrost auskühlen lassen.

Statt Pizzakäse können Sie natürlich jeden beliebigen Käse verwenden und diesen selbst reiben.

Liebe Leserin, lieber Leser,

herzlichen Dank für Ihr Interesse an unseren Büchern! Der Leopold Stocker Verlag ist ein unabhängiges Familienunternehmen, deshalb ist uns der Kontakt mit unseren Kunden besonders wichtig. Wir senden Ihnen in Zukunft gerne Informationen über unsere Neuerscheinungen zu und bitten Sie, uns Ihre Fragen, Wünsche und Anregungen mitzuteilen!

Mit herzlichen Grüßen

Mag. Wolfgang Dvorak-Stocker

Diese Karte entnahm ich dem Buch: ____________________

Fragen/Anregungen/Kommentare und Kritik zu diesem Buch oder unserem Programm:

____

____

____

Leopold Stocker Verlag GmbH, Hofgasse 5, 8010 Graz, Österreich
Tel.: +43/316/82 16 36, Fax: +43/316/83 56 12, E-Mail: stocker-verlag@stocker-verlag.com

Besuchen Sie uns auch im Internet: www.stocker-verlag.com

stv

Name

Straße

PLZ Ort

Telefon

E-Mail

☐ (Pflichtfeld) Ich bestätige, dass ich das 16. Lebensjahr vollendet habe und erteile meine ausdrückliche Zustimmung, dass die von mir oben angegeben Daten durch die Leopold Stocker Verlag GmbH zum Zweck der Vertragserfüllung und Leistungserbringung verarbeitet und an Auftragsverarbeiter weitergegeben werden, UND dass

☐ die angegeben Daten durch die Leopold Stocker Verlag GmbH zum Zweck des Newsletterversands verarbeitet, an Auftragsverarbeiter weitergegeben werden und ich werbliche Informationen und Angebote via Post, E-Mail, Telefon erhalte.

Ich kann meine Zustimmung jederzeit widerrufen. Dafür wende ich mich an die Leopold Stocker Verlag GmbH (Hofgasse 5, A-8010 Graz; Tel: 0043316/821636; E-Mail: datenschutz@stocker-verlag.com). Alle Infos: www.stocker-verlag.com/datenschutz.

Datum____________Unterschrift ____________________________

Bitte frankieren!

ANTWORTSENDUNG

Leopold Stocker Verlag

Postfach 438
Hofgasse 5
8011 Graz

Zitronenweckerln

Knetzeit:
3 Minuten langsam,
6 ½ Minuten intensiver,
gesamt 9 ½ Minuten

Teigruhe nach dem Kneten:
20 Minuten

Gehzeit vor dem Backen:
ca. 30 Minuten

Backzeit:
ca. 16 Minuten bei
220 °C Heißluft oder
240 °C Ober-/Unterhitze

Seit Jahren backe ich regelmäßig diese herrlichen Zitronenweckerln. Sie schmecken einfach köstlich zu allen Arten von Fischgerichten und sind besonders im Sommer zu Blattsalaten eine perfekte Beilage.

Zutaten für 12 Stück

430 g	Bio-Weizenmehl Type 700
9 g	Salz
9 g	Bio-Gerstenmalzmehl
13 g	Butter
15 g	frische Hefe
250 g	Wasser (22 °C)

abgeriebene Schale von
2 unbehandelten Bio-Zitronen (ca. 20 g)

Bio-Roggenmehl Type 960 zum Wälzen

Zubereitung

- Alle Zutaten bis auf die Zitronenschale genau einwiegen und den Teig wie angegeben kneten.
- 2 Minuten vor dem Ende der Knetzeit den Zitronenabrieb während des Knetens langsam zum Teig geben, diesen anschließend 20 Minuten zugedeckt rasten lassen.
- Den Teig auf eine leicht bemehlte Arbeitsfläche geben, den Teig in zwölf gleich große Stücke teilen, diese rund formen bzw. rund schleifen.
- Danach sofort zu ca. 9 cm langen Weckerln formen, diese in Roggenmehl wälzen und auf ein Backblech legen, leicht mit Wasser befeuchten, mit einem Geschirrtuch abdecken und bei Raumtemperatur ca. 30 Minuten rasten lassen.
- Den Backofen auf 220 °C Heißluft vorheizen und ein hitzebeständiges Gefäß in den Backofen stellen.
- Die gerasteten Weckerln vor dem Backen mit einem scharfen Teigmesser dreimal schräg einschneiden.
- Wasser oder Eiswürfel in das hitzebeständige Gefäß schütten und anschließend die Weckerln auf der mittleren Schiene des Backofens backen, eventuell nach ⅔ der Backzeit das Backblech einmal wenden.
- Nach dem Backen auf einem Küchenrost auskühlen lassen.

Schinken-Käse-Stangerln

Knetzeit:
3 Minuten langsam, 8 Minuten intensiver, gesamt 11 Minuten

Teigruhe nach dem Kneten:
30 Minuten + 20 Minuten Zwischengaren

Gehzeit vor dem Backen:
ca. 30 Minuten

Backzeit:
ca. 20–22 Minuten bei 200 °C Heißluft oder 220 °C Ober-/Unterhitze

REZEPT MIT VIDEO!
Einfach den abgebildeten QR-Code scannen oder unter www.kochenundkueche.com ansehen!

Zutaten für 6 Stück

TEIG	
360 g	Bio-Weizenmehl Type 700
7 g	Salz
7 g	Bio-Gerstenmalzmehl
36 g	Feinkristallzucker
36 g	Butter
18 g	frische Hefe
70 g	Wasser (30 °C)
150 g	Milch (kühl)

BELAG	
ca. 120 g	Schinken
ca. 200 g	Pizzakäse*

Zubereitung

- Alle Zutaten genau einwiegen und den Teig wie angegeben kneten, anschließend 30 Minuten zugedeckt rasten lassen.
- Den Teig auf eine leicht bemehlte Arbeitsfläche geben und sechs Teigstücke zu je ca. 110 g auswiegen, diese rund schleifen und nochmals ca. 20 Minuten bei Raumtemperatur zugedeckt rasten lassen.
- Anschließend die Teiglinge mit einem Rundholz zu ovalen Fladen von 22 cm Länge und in der Mitte ca. 15 cm Breite ausrollen.
- Auf jeden Teigfladen eine Scheibe Schinken legen, darüber etwas Käse streuen, die Teigstücke von oben nach unten einrollen (wickeln) und die eingerollten Stangerln mit beiden Händen auf eine Länge von etwa 24 cm ausrollen.
- Die Stangerln auf der Oberseite kräftig mit Wasser besprühen und im geriebenen Käse wälzen, auf ein mit Backpapier ausgelegtes Backblech legen, wiederum mit Wasser besprühen, abdecken und bei Raumtemperatur ca. 30 Minuten gehen lassen.
- Den Backofen auf 200 °C Heißluft vorheizen und ein hitzebeständiges Gefäß in den Backofen stellen.
- Die Schinken-Käse-Stangerln vor dem Backen nochmals gut mit Wasser besprühen.
- Wasser oder Eiswürfel in das hitzebeständige Gefäß schütten und die Stangerln auf der mittleren Schiene des Backofens goldgelb backen, nach ²⁄₃ der Backzeit das Backblech einmal wenden.
- Nach dem Backen auf einem Küchenrost auskühlen lassen.

Statt Pizzakäse können Sie natürlich jeden beliebigen Käse verwenden und diesen selbst reiben.

Knoblauch-Käse-Stangerln

Knetzeit:
3 Minuten langsam, 6 ½ Minuten intensiver, gesamt 9 ½ Minuten

Teigruhe nach dem Kneten:
15 Minuten + 10 Minuten Zwischengare

Gehzeit vor dem Backen:
ca. 25 Minuten

Backzeit:
ca. 28 Minuten bei 220 °C Heißluft oder 240 °C Ober-/Unterhitze

REZEPT MIT VIDEO!
Einfach den abgebildeten QR-Code scannen oder unter www.derbackprofi.at ansehen!

Zutaten für 6 Stück

TEIG		BELAG	
360 g	Bio-Weizenmehl Type 700	1	Knoblauchknolle
8 g	Salz	2 g	Salz
8 g	Bio-Gerstenmalzmehl	30 g	Olivenöl
10 g	Olivenöl	250 g	Pizzakäse*
15 g	frische Hefe		
210 g	Wasser (22 °C)	Sesam zum Wälzen	

Zubereitung

- Für den Belag den Knoblauch schälen und pürieren oder fein hacken, mit dem Salz und dem Olivenöl zu einer Paste verrühren und beiseitestellen.
- Für den Teig alle Zutaten genau einwiegen und wie angegeben kneten, anschließend den Teig auf eine leicht bemehlte Arbeitsfläche geben und zugedeckt 15 Minuten rasten lassen.
- Den Teig mit einer Teigkarte in sechs Stücke zu je ca. 100 g teilen, diese jeweils rund formen bzw. rund schleifen und nochmals ca. 10 Minuten zugedeckt rasten lassen.
- Die Teigkugeln flach drücken und zu länglichen Fladen ausrollen, mit der Knoblauchpaste bestreichen, Käse darüberstreuen und die Fladen wie zu Salzstangerln zusammenrollen.
- Mit beiden Händen die gefüllten Stangerln vorsichtig ca. 35 cm lang ausrollen, die Oberfläche mit Wasser befeuchten, die Stangerln in Sesam wälzen und auf ein mit Backpapier ausgelegtes Backblech legen, nach Wunsch wurzelförmig eindrehen.
- Dann leicht mit Wasser befeuchten, mit einem Geschirrtuch abdecken und bei Raumtemperatur ca. 25 Minuten gehen lassen.
- Den Backofen auf 220 °C Heißluft vorheizen und ein hitzebeständiges Gefäß in den Backofen stellen.
- Die Stangerln vor dem Backen nochmals gut mit Wasser befeuchten.
- Wasser oder Eiswürfel in das hitzebeständige Gefäß schütten anschließend die Stangerln auf der mittleren Schiene des Backofens backen, eventuell nach ⅔ der Backzeit das Backblech einmal wenden.
- Nach dem Backen auf einem Küchenrost auskühlen lassen.

**** Statt Pizzakäse können Sie natürlich jeden beliebigen Käse verwenden und diesen selbst reiben.***

Mohnbagels

Knetzeit:
3 Minuten langsam, 7 Minuten intensiver, gesamt 10 Minuten

Teigruhe nach dem Kneten:
20 Minuten + 15 Minuten Zwischengare

Gehzeit vor dem Backen:
ca. 30 Minuten

Kochen vor dem Backen:
30 Sekunden auf jeder Seite

Backzeit:
ca. 20 Minuten bei 210 °C Heißluft oder 230 °C Ober-/Unterhitze

Zutaten für 8 Stück

375 g	Bio-Weizenmehl Type 700
8 g	Salz
8 g	Bio-Gerstenmalzmehl
4 g	Zucker
30 g	Mohn
12 g	frische Hefe
215 g	Wasser (20 °C)

3 l Wasser und 20 g Salz zum Kochen
Mohn zum Bestreuen

Zubereitung

- Alle Zutaten genau einwiegen und den Teig wie in der Anleitung beschrieben kneten, anschließend den eher festen Teig auf eine leicht bemehlte Arbeitsfläche geben und zugedeckt 20 Minuten rasten lassen.
- Den Teig mit einer Teigkarte in acht Stücke zu je ca. 80 g teilen und diese rund schleifen, die Teiglinge mit dem Schluss nach oben auf der leicht bemehlten Arbeitsfläche liegen lassen, mit einem Geschirrtuch abdecken und weitere 15 Minuten bei Raumtemperatur rasten lassen.
- Mit dem Zeigefinger ein Loch in der Mitte der Teiglinge machen und mit kreisförmigen Bewegungen zu Bagels mit einem Durchmesser von jeweils ca. 8 cm formen.
- Die Bagels mit einem Geschirrtuch abdecken und bei Raumtemperatur ca. 30 Minuten gehen lassen, den Backofen auf 210 °C Heißluft vorheizen.
- Das Wasser mit dem Salz in einem großen Kochtopf zum Kochen bringen.
- Die Bagels vor dem Backen ins kochende Wasser geben, nach 30 Sekunden wenden und weitere 30 Sekunden kochen lassen, mit einem Siebschöpfer die gekochten Bagels herausheben und auf ein Backblech legen, die Oberseiten jeweils mit Mohn bestreuen.
- Die Bagels ohne Dampf auf der mittleren Schiene des Backofens backen, nach ⅔ der Backzeit das Backblech einmal wenden.
- Nach dem Backen auf einem Küchenrost auskühlen lassen.

Steirische Kernölweckerln
mit Polentakruste

Knetzeit:
*3 Minuten langsam,
6 ½ Minuten intensiver,
gesamt 9 ½ Minuten*

Teigruhe nach dem Kneten:
15 Minuten

Gehzeit vor dem Backen:
ca. 30 Minuten

Backzeit:
*ca. 18 Minuten bei
220 °C Heißluft oder
240 °C Ober-/Unterhitze*

Zutaten für 12 Stück

80 g	steirische Kürbiskerne
500 g	Bio-Weizenmehl Type 700
11 g	Salz
10 g	Bio-Gerstenmalzmehl
10 g	Butter
40 g	steirisches Kürbiskernöl
25 g	Polenta (Maisgrieß) oder Weizengrieß
15 g	frische Hefe
280 g	Wasser (22 °C)

geschrotete Kürbiskerne und Polenta zum Wälzen

Brezensalz zum Bestreuen

Zubereitung

- Die Kürbiskerne in einer Pfanne ohne Fett leicht anrösten und auskühlen lassen.
- Alle Zutaten genau einwiegen, die gerösteten Kürbiskerne beimengen und den Teig wie in der Anleitung beschrieben kneten, anschließend den Teig auf eine leicht bemehlte Arbeitsfläche geben und zugedeckt 15 Minuten rasten lassen.
- Den Teig mit einer Teigkarte in zwölf Stücke zu je ca. 80 g teilen und diese rund schleifen, danach sofort zu ca. 10 cm langen Weckerln formen.
- Die Weckerln leicht mit Wasser befeuchten und in einer Mischung aus geschroteten Kürbiskernen und Polenta wälzen, dann auf ein Backblech setzen, mit Wasser leicht befeuchten, mit einem Geschirrtuch abdecken und bei Raumtemperatur ca. 30 Minuten gehen lassen.
- Den Backofen auf 220 °C Heißluft vorheizen und ein hitzebeständiges Gefäß in den Backofen stellen.
- Die Weckerln vor dem Backen leicht mit Brezensalz bestreuen und Wasser oder Eiswürfel in das hitzebeständige Gefäß schütten.
- Die Weckerln auf der mittleren Schiene des Backofens backen, eventuell nach ⅔ der Backzeit das Backblech einmal wenden.
- Nach dem Backen auf einem Küchenrost auskühlen lassen.

Knusperstangerln
mit Grammeln

Knetzeit:
3 Minuten langsam, 7 Minuten intensiver, 2 Minuten Grammeln unterheben, gesamt 12 Minuten

Teigruhe nach dem Kneten:
20 Minuten + 15 Minuten Zwischengare

Gehzeit vor dem Backen:
ca. 30 Minuten

Backzeit:
ca. 20 Minuten bei 220 °C Heißluft oder 240 °C Ober-/Unterhitze

Zutaten für 10 Stück

400 g	Bio-Weizenmehl Type 700
8 g	Salz
8 g	Bio-Gerstenmalzmehl
80 g	Butter
3	Eidotter (Eigelb), Größe M
21 g	frische Hefe
140 g	Wasser 28 °C
120 g	Grammeln

Bio-Roggenmehl Type 960 zum Wälzen

Zubereitung

- Alle Zutaten bis auf die Grammeln genau einwiegen und den Teig wie in der Anleitung beschrieben kneten, 2 Minuten vor Ende des Knetvorganges die Grammeln dazugeben und langsam unterheben, den Teig auf eine leicht bemehlte Arbeitsfläche geben und zugedeckt 20 Minuten rasten lassen.
- Den Teig mit einer Teigkarte in zehn Stücke zu je ca. 80 g teilen und diese rund schleifen, mit einem Geschirrtuch abdecken und ca. 15 Minuten bei Raumtemperatur rasten lassen.
- Die Teigstücke etwas flach drücken, von oben und unten zur Mitte hin einschlagen und gleichmäßig zu ca. 35 cm langen Stangerln ausrollen.
- Die Stangerln in Roggenmehl wälzen und auf ein Backblech legen, mit Wasser leicht befeuchten, mit einem Geschirrtuch abdecken und bei Raumtemperatur ca. 30 Minuten gehen lassen.
- Den Backofen auf 220 °C Heißluft vorheizen und ein hitzebeständiges Gefäß in den Backofen stellen.
- Wasser oder Eiswürfel in das hitzebeständige Gefäß schütten und anschließend die Stangerln auf der mittleren Schiene des Backofens backen, eventuell nach ⅔ der Backzeit das Backblech einmal wenden.
- Nach dem Backen auf einem Küchenrost auskühlen lassen.

Toskanaweckerln

Knetzeit:
3 Minuten langsam, 6 ½ Minuten intensiver, gesamt 9 ½ Minuten

Teigruhe nach dem Kneten:
15 Minuten + 15 Minuten Zwischengare

Gehzeit vor dem Backen:
ca. 30 Minuten

Backzeit:
ca. 18 Minuten bei 220 °C Heißluft oder 240 °C Ober-/Unterhitze

REZEPT MIT VIDEO!
Einfach den abgebildeten QR-Code scannen oder unter www.kochenundkueche.com ansehen!

Zutaten für 12 Stück

500 g	Bio-Weizenmehl Type 700
10 g	Salz
10 g	Bio-Gerstenmalzmehl
25 g	Polenta (Maisgrieß)
18 g	Olivenöl
15 g	frische Hefe
300 g	Wasser (22 °C)

Bio-Roggenmehl Type 960 zum Bemehlen

Polenta zum Bestreuen

Zubereitung

- Alle Zutaten genau einwiegen und den Teig wie in der Anleitung beschrieben kneten, anschließend den Teig auf eine leicht bemehlte Arbeitsfläche geben und zugedeckt 15 Minuten rasten lassen.
- Den Teig mit einer Teigkarte in zwölf Stücke zu je ca. 75 g teilen und diese rund schleifen, die Teiglinge mit dem Schluss nach oben auf der leicht bemehlten Arbeitsfläche liegen lassen, mit einem Geschirrtuch abdecken und weitere 15 Minuten bei Raumtemperatur rasten lassen.
- In der Zwischenzeit ein Geschirrtuch (oder Bäckerleinen) mithilfe eines Siebes mit etwas Roggenmehl gut bemehlen und zusätzlich reichlich Polenta darüberstreuen.
- Teigkugeln leicht flach drücken, von oben und unten zur Mitte hin einschlagen, von oben nach unten leicht einrollen und mit beiden Händen zu ca. 10 cm langen Weckerln formen, die Enden leicht zuspitzen.
- Die Toskanaweckerln mit dem Schluss nach unten auf das bemehlte und mit Polenta bestreute Geschirrtuch legen, mit einem zweitem Geschirrtuch abdecken und ca. 30 Minuten beim Raumtemperatur gehen lassen.
- Den Backofen auf 220 °C Heißluft vorheizen und ein hitzebeständiges Gefäß in den Backofen stellen.
- Die Weckerln vor dem Backen mit dem Schluss nach oben auf das Backblech legen und leicht mit Wasser befeuchten.
- Wasser oder Eiswürfel in das hitzebeständige Gefäß schütten und die Weckerln auf der mittleren Schiene des Backofens backen, eventuell nach ⅔ der Backzeit das Backblech einmal wenden.
- Nach dem Backen auf einem Küchenrost auskühlen lassen.

Spitzweckerln

Knetzeit:
3 Minuten langsam, 6 ½ Minuten intensiver, gesamt 9 ½ Minuten

Teigruhe nach dem Kneten:
15 Minuten + 15 Minuten Zwischengare

Gehzeit vor dem Backen:
ca. 30 Minuten

Backzeit:
ca. 18 Minuten bei 220 °C Heißluft oder 240 °C Ober-/Unterhitze

Zutaten für 12 Stück

500 g	Bio-Weizenmehl Type 700
10 g	Salz
10 g	Bio-Gerstenmalzmehl
10 g	Kümmel, ganz
20 g	Butter
15 g	frische Hefe
300 g	Wasser (22 °C)

Bio-Roggenmehl Type 960 zum Bemehlen

Kümmelsamen und Brezensalz zum Bestreuen

Zubereitung

- Alle Zutaten genau einwiegen und den Teig wie in der Anleitung beschrieben kneten, anschließend auf eine leicht bemehlte Arbeitsfläche geben und zugedeckt 15 Minuten rasten lassen.
- Den Teig mit einer Teigkarte in zwölf Stücke zu je ca. 72 g teilen und diese rund schleifen, die Teiglinge mit dem Schluss nach oben auf der leicht bemehlten Arbeitsfläche liegen lassen, mit einem Geschirrtuch abdecken und weitere 15 Minuten bei Raumtemperatur rasten lassen.
- In der Zwischenzeit ein Geschirrtuch (oder Bäckerleinen) mit etwas Roggenmehl mithilfe eines Siebes gut bemehlen.
- Die Teigkugeln leicht flach drücken, von oben und unten zur Mitte hin einschlagen, von oben nach unten leicht einrollen und mit beiden Händen zu ca. 10 cm langen Weckerln formen, die Enden leicht zuspitzen.
- Die Weckerln mit dem Schluss nach unten auf das bemehlte Geschirrtuch legen, mit einem zweitem Geschirrtuch abdecken und ca. 30 Minuten beim Raumtemperatur gehen lassen.
- Den Backofen auf 220 °C Heißluft vorheizen und ein hitzebeständiges Gefäß in den Backofen stellen.
- Die Weckerln vor dem Backen mit dem Schluss nach oben auf das Backblech legen, leicht mit Wasser befeuchten und mit Kümmel und Brezensalz bestreuen.
- Wasser oder Eiswürfel in das hitzebeständige Gefäß schütten anschließend die Weckerln auf der mittleren Schiene des Backofens backen, eventuell nach ⅔ der Backzeit das Backblech einmal wenden.
- Nach dem Backen auf einem Küchenrost auskühlen lassen.

Gekochte Salzbrezen

Knetzeit:
3 Minuten langsam, 7 Minuten intensiver, gesamt 10 Minuten

Teigruhe nach dem Kneten:
20 Minuten + 15 Minuten Zwischengare

Gehzeit vor dem Backen:
ca. 30 Minuten

Kochen vor dem Backen:
30 Sekunden auf jeder Seite

Backzeit:
ca. 20 Minuten bei 210 °C Heißluft oder 230 °C Ober-/Unterhitze

Zutaten für 8 Stück

300 g	Bio-Weizenmehl Type 700
75 g	Bio-Roggenmehl Type 960
8 g	Salz
8 g	Bio-Gerstenmalzmehl
10 g	frische Hefe
215 g	Wasser (20 °C)

3 l	Wasser und
20 g	Salz zum Kochen
50 g	Bio-Weizenmehl Type 700
40 g	Salz zum Wälzen

Zubereitung

- Alle Zutaten genau einwiegen und den Teig wie in der Anleitung beschrieben kneten, anschließend den eher festen Teig auf eine leicht bemehlte Arbeitsfläche geben und zugedeckt 20 Minuten rasten lassen.
- Den Teig mit einer Teigkarte in acht Stücke zu je ca. 75 g teilen und diese rund schleifen, die Teiglinge mit dem Schluss nach oben auf der leicht bemehlten Arbeitsfläche liegen lassen, mit einem Geschirrtuch abdecken und weitere 15 Minuten bei Raumtemperatur rasten lassen.
- Die Teiglinge leicht flach drücken, von oben und unten zur Mitte hin einschlagen und gleichmäßig zu ca. 60 cm langen Strängen formen.
- Die Teigstränge zu Brezen formen und diese auf ein Backblech legen, leicht mit Wasser befeuchten, mit einem Geschirrtuch abdecken und bei Raumtemperatur ca. 30 Minuten gehen lassen.
- Den Backofen auf 210 °C Heißluft vorheizen, in einem großen Kochtopf das Wasser mit dem Salz zum Kochen bringen.
- Die Brezen vor dem Backen in das kochende Wasser geben, nach 30 Sekunden wenden und weitere 30 Sekunden kochen lassen, mit einem Siebschöpfer die gekochten Brezen herausheben und auf ein Backblech legen.
- Die Brezen ohne Dampf auf der mittleren Schiene des Backofens backen, nach ⅔ der Backzeit das Backblech einmal wenden.
- 50 g Bio-Weizenmehl Type 700 und 40 g Salz vermengen.
- Die ofenwarmen Brezen leicht mit Wasser bestreichen, in der Mehl-Salz-Mischung wälzen und vollständig auskühlen lassen.

Die Brezen werden durch das Bad im Salzwasser sehr weich und glitschig, und sie lassen sich nur schlecht in einer schönen Brezelform zurück auf das Backblech legen. Wenn Sie die geformten und aufgegangenen Brezeln mit den Backblechen etwa eine halbe Stunde in den Gefrierschrank stellen, bis die Brezen anfangen fest zu werden, dann ist das Salzbad kein Problem und die Brezen können gut zurück auf die Backbleche gelegt werden. Anschließend die Brezen gleich backen.

Knäckebrot
à la Backprofi

Knetzeit:
8 Minuten intensiv

Teigruhe nach dem Kneten:
keine

Gehzeit vor dem Backen:
keine

Backzeit:
15 Minuten bei 200 °C Heißluft oder 220 °C Ober-/Unterhitze und weitere 30 Minuten bei 180 °C Heißluft oder 200 °C Ober-/Unterhitze

Zutaten für 2 Bleche

500 g	Wasser (28 °C)
40 g	Olivenöl
220 g	Bio-Roggenvollkornmehl
120 g	Dinkelflocken
60 g	Sonnenblumenkerne
25 g	Leinsamen
25 g	Sesam
5 g	Salz
5 g	Bio-Brotgewürz (Kümmel, Fenchel, Anis)

Zubereitung

- Den Backofen auf 200 °C Heißluft vorheizen.
- Alle Zutaten genau einwiegen und den Teig wie in der Anleitung beschrieben am besten mit einem Handmixer oder einem Schneebesen gut durchmischen.
- Die flüssige Teigmasse auf zwei Backblechen* gleichmäßig verteilen, am besten mit einer Teigkarte ganz dünn verstreichen und anschließend sofort in den vorgeheizten Backofen schieben.
- Nach 15 Minuten beide Bleche aus dem Backofen geben und mit einem scharfen Messer oder einem Pizzaschneider das Knäckebrot in gewünschte Stücke schneiden.
- Die Temperatur auf 180 °C Heißluft reduzieren und das Knäckebrot für etwa 30 Minuten fertig backen.
- Nach dem Backen auf dem Blech auskühlen lassen.

REZEPT MIT VIDEO!
Einfach den abgebildeten QR-Code scannen oder unter www.kochenundkueche.com ansehen!

**** Wenn Sie keine beschichteten Backbleche haben, sollten Sie das Blech vorher mit flüssiger Butter oder mit Öl bestreichen oder mit Backpapier auslegen. Das gilt auch für die anderen Rezepte in diesem Buch!***

Zur Lagerung vom Knäckebrot empfiehlt sich eine luftdicht verschließbare Keksdose mit Deckel.

Grissini
à la Backprofi

Knetzeit:
*3 Minuten langsam,
6 ½ Minuten intensiver,
gesamt 9 ½ Minuten*

Teigruhe nach dem Kneten:
20 Minuten + 20 Minuten Zwischengare

Gehzeit vor dem Backen:
ca. 30 Minuten

Backzeit:
ca. 20 Minuten bei 225 °C Heißluft oder 245 °C Ober-/Unterhitze

Zutaten für 2 Bleche (ca. 32 Stück)

500 g	Bio-Weizenmehl Type 700
10 g	Salz
10 g	Bio-Gerstenmalzmehl
75 g	Olivenöl
10 g	frische Hefe
275 g	Wasser (20 °C)

etwas Sesam und grobes Brezensalz zum Bestreuen

Zubereitung

- Alle Zutaten genau einwiegen und den Teig wie angegeben kneten, anschließend 20 Minuten zugedeckt rasten lassen.
- Den Teig auf eine leicht bemehlte Arbeitsfläche geben und locker rund formen (wirken), mit dem Schluss nach unten auf der leicht bemehlten Arbeitsfläche zugedeckt ca. 20 Minuten rasten lassen.
- Den Teig mit der Hand etwas flach drücken und mithilfe des Nudelholzes zu einem ca. 30 x 36 cm großen Rechteck ausrollen, mit Wasser befeuchten und Sesam und grobes Salz darüberstreuen.
- Den Teig mit einer Teigkarte oder mit einem Teigrad in 2 x 36 cm breite Streifen schneiden (Bild 1), die Streifen noch etwas in die Länge ziehen (Bild 2), jeweils die beiden Enden der Teigstreifen zusammenlegen, sodass eine Schlaufe entsteht (Bild 3) und mit der rechten Hand die Schlaufe so lange eindrehen (Bild 4), bis die Teigstücke eine schöne Spiralform aufweisen.
- Die eingedrehten Stangen auf 2 Backbleche verteilen, leicht mit Wasser besprühen, abdecken und bei Raumtemperatur nochmals ca. 30 Minuten gehen lassen.
- Den Backofen auf 225 °C Heißluft vorheizen und ein hitzebeständiges Gefäß in den Backofen stellen.
- Grissini vor dem Backen nochmals gut mit Wasser besprühen.
- Wasser oder Eiswürfel in das hitzebeständige Gefäß schütten und anschließend die Grissini auf der mittleren Schiene des Backofens backen, eventuell nach ⅔ der Backzeit das Backblech einmal wenden.
- Nach dem Backen auf einem Küchenrost auskühlen lassen.

Der perfekte Snack für alle Fans von hausgemachten Grissini. Durch die Zugabe von reichlich Olivenöl entsteht ein ganz toller, aromatischer Geschmack. Ein Knabberspaß für Jung und Alt!

Grissini mit Tomaten und Rosmarin

Zutaten für den Teig sowie Zubereitung wie auf S. 52, nur mit folgender Abwandlung:

- 90 g in Öl eingelegte Tomaten klein schneiden, abtupfen, leicht mehlieren und ca. 1 Minute vor Ende des Knetvorganges langsam unter den Teig heben.
- Das ausgerollte Teigstück mit Wasser besprühen und großzügig mit fein gehacktem Rosmarin und grobem Brezensalz bestreuen.

Grissini mit Oliven

Zutaten für den Teig sowie Zubereitung wie auf S. 52, nur mit folgender Abwandlung:

- 90 g schwarze Oliven fein schneiden, abtupfen und leicht mehlieren.
- Etwa 1 Minute vor Ende des Knetvorganges langsam unter den Teig heben.

Baguettes

Kapitel 2

Backprofis Baguette „nature“

Ein hausgemachtes Baguette darf bei Grillpartys oder anderen Festen nicht fehlen, es schmeckt aber auch herrlich zu Salaten, Suppen oder zum Frühstück! Die Zubereitung ist ganz einfach. Mit wenigen Zutaten und Handgriffen können Sie sich und Ihre Gäste mit frischem Brot ganz ohne Geschmacksverstärker oder Konservierungsmittel verwöhnen. Durch die Zugabe von verschiedenen Kräutern oder anderen Zutaten verleihen Sie jedem Baguette eine ganz spezielle Note.

Knetzeit:
3 Minuten langsam,
6 ½ Minuten intensiver,
gesamt 9 ½ Minuten

Teigruhe nach dem Kneten:
*20 Minuten + 15 Minuten Zwischengare**

Gehzeit vor dem Backen:
ca. 30 Minuten

Backzeit:
ca. 22 Minuten bei 200 °C Heißluft oder 220 °C Ober-/Unterhitze

Zwischengare ist der Fachbegriff für die Gehzeit, wenn man z. B. den Teig nach dem Kneten rund formt und diese Teigkugel vor dem Formen des Gebäckstückes/der Gebäckstücke noch einmal gehen lässt.

Die Anleitungsfotos zur Herstellung von Baguettes finden Sie auf der nächsten Doppelseite. Diese gelten auch für alle anderen Baguette-Varianten.

Zutaten für 2 Stück

385 g	Bio-Weizenmehl Type 700
8 g	Salz
8 g	Bio-Gerstenmalzmehl
14 g	Butter (kühl)
10 g	frische Hefe
235 g	Wasser (22 °C)

Bio-Roggenmehl Type 960 zum Bemehlen

Zubereitung

- Alle Zutaten genau einwiegen (Bild 1) und den Teig wie angegeben kneten, anschließend 20 Minuten zugedeckt rasten lassen.
- Den Teig auf eine leicht bemehlte Arbeitsfläche geben (Bild 2), zwei Teigstücke zu je ca. 330 g auswiegen (Bild 3), diese locker rund formen (wirken, Bild 4–6).
- Mit dem Schluss nach oben auf der leicht bemehlten Arbeitsfläche zugedeckt ca. 15 Minuten rasten lassen.
- In der Zwischenzeit ein Geschirrtuch (oder Bäckerleinen) mithilfe eines Siebes mit etwas Roggenmehl gut bemehlen (Bild 7).
- Die gerasteten Teigkugeln flach drücken (Bild 8), jeweils den oberen Teil locker zur Mitte hin einschlagen (Bild 9), den unteren Teil ebenfalls zur Mitte klappen (Bild 10).
- Dann die Teigstücke von oben nach unten einrollen (Bild 11) und mit etwas Druck von der Mitte ausgehend mit beiden Händen schön gleichmäßig auf eine Länge von ca. 38 cm formen (Bild 12), dabei die Enden ganz leicht zuspitzen (Bild 13).
- Die beiden Baguettes mit dem Schluss nach oben auf das bemehlte Tuch legen (Bild 14), abdecken und weitere 30 Minuten bei Raumtemperatur gehen lassen.
- Den Backofen auf 200 °C Heißluft vorheizen und ein hitzebeständiges Gefäß in den Backofen stellen.
- Die Baguettes vor dem Backen mit dem Schluss nach unten auf das Backblech legen (Bild 15) und mit einem scharfen Teigmesser fünfmal schräg einschneiden (Bild 16).
- Wasser oder Eiswürfel in das hitzebeständige Gefäß schütten und die Baguettes auf der mittleren Schiene des Backofens mit viel Dampf backen, eventuell nach ⅔ der Backzeit das Backblech einmal wenden.
- Nach dem Backen auf einem Küchenrost auskühlen lassen.

Anleitungsbilder zum Baguette „nature" (Rezept siehe S. 58) und zu allen anderen Baguette-Rezepten.

9

10

11
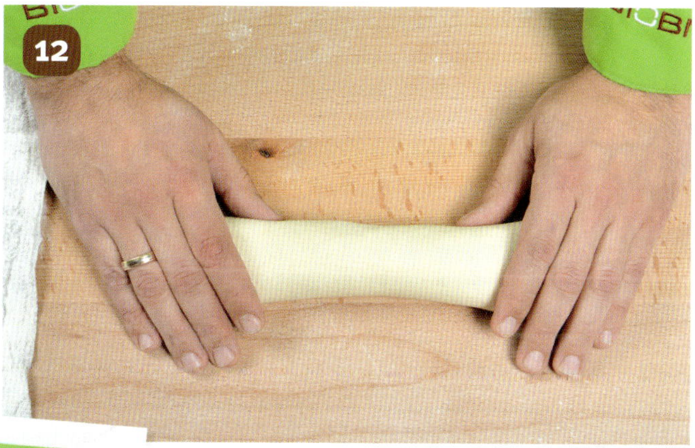
12

13

14

15

16

Rosmarinbaguette

Knetzeit:
3 Minuten langsam, 6 ½ Minuten intensiver, gesamt 9 ½ Minuten

Teigruhe nach dem Kneten:
20 Minuten + 15 Minuten Zwischengare

Gehzeit vor dem Backen:
ca. 30 Minuten

Backzeit:
ca. 22 Minuten bei 200 °C Heißluft oder 220 °C Ober-/Unterhitze

Zutaten für 2 Stück

385 g	Bio-Weizenmehl Type 700
8 g	Salz
8 g	Bio-Gerstenmalzmehl
14 g	Olivenöl
4 g	frischer Rosmarin, grob gehackt
10 g	frische Hefe
235 g	Wasser (22 °C)

etwas Olivenöl zum Bepinseln

grobes Brezensalz und frischer Rosmarin, fein gehackt, zum Bestreuen

Bio-Roggenmehl Type 960 zum Bemehlen

Zubereitung

- Alle Zutaten genau einwiegen und den Teig wie angegeben kneten, anschließend 20 Minuten zugedeckt rasten lassen.
- Den Teig auf eine leicht bemehlte Arbeitsfläche geben, zwei Teigstücke zu je ca. 330 g auswiegen, diese locker rund formen (wirken).
- Mit dem Schluss nach oben auf der leicht bemehlten Arbeitsfläche zugedeckt ca. 15 Minuten rasten lassen.
- In der Zwischenzeit ein Geschirrtuch (oder Bäckerleinen) mithilfe eines Siebes mit etwas Roggenmehl gut bemehlen.
- Die gerasteten Teigkugeln flach drücken, jeweils den oberen Teil locker zur Mitte hin einschlagen, den unteren Teil ebenfalls zur Mitte klappen.
- Die Teigstücke von oben nach unten einrollen und mit etwas Druck von der Mitte ausgehend mit beiden Händen schön gleichmäßig auf eine Länge von ca. 38 cm formen, dabei die Enden ganz leicht zuspitzen.
- Die beiden Baguettes mit dem Schluss nach oben auf das bemehlte Tuch legen, abdecken und weitere 30 Minuten bei Raumtemperatur gehen lassen.
- Den Backofen auf 200 °C Heißluft vorheizen und ein hitzebeständiges Gefäß in den Backofen stellen.
- Die Baguettes vor dem Backen mit dem Schluss nach unten auf das Backblech legen, leicht mit etwas Olivenöl bestreichen, etwas grobes Brezensalz und fein gehackten Rosmarin darüberstreuen und mit einem scharfen Teigmesser fünfmal schräg einschneiden.
- Wasser oder Eiswürfel in das hitzebeständige Gefäß schütten und die Baguettes auf der mittleren Schiene des Backofens mit viel Dampf backen, eventuell nach ⅔ der Backzeit das Backblech einmal wenden.
- Nach dem Backen auf einem Küchenrost auskühlen lassen.

Anleitungsfotos siehe S. 60 und 61.

Zwiebelbaguette

Knetzeit:
3 Minuten langsam,
6 ½ Minuten intensiver,
gesamt 9 ½ Minuten

Teigruhe nach dem Kneten:
20 Minuten + 15 Minuten Zwischengare

Gehzeit vor dem Backen:
ca. 30 Minuten

Backzeit:
ca. 22 Minuten bei
200 °C Heißluft oder
220 °C Ober-/Unterhitze

**** Getrocknete Röstzwiebeln gibt es in jedem Supermarkt zu kaufen. Sie können diese natürlich auch selbst zubereiten: Nach dem Rösten auf jeden Fall das Fett abseihen, die gerösteten Zwiebeln auf Küchenpapier ausbreiten und gut abtupfen!***

Zutaten für 2 Stück

260 g	Bio-Weizenmehl Type 700
85 g	Bio-Roggenmehl Type 960
8 g	Salz
8 g	Bio-Gerstenmalzmehl
6 g	Bio-Roggenvollkorn-sauerteig (getrocknet)
14 g	Schweineschmalz
30 g	getrocknete Röstzwiebeln*
10 g	frische Hefe
240 g	Wasser (22 °C)

Bio-Roggenmehl Type 960 zum Bemehlen

Zubereitung

- Alle Zutaten genau einwiegen und den Teig wie angegeben kneten, anschließend 20 Minuten zugedeckt rasten lassen.
- Den Teig auf eine leicht bemehlte Arbeitsfläche geben, zwei Teigstücke zu je ca. 330 g auswiegen, diese diese locker rund formen (wirken).
- Mit dem Schluss nach oben auf der leicht bemehlten Arbeitsfläche zugedeckt ca. 15 Minuten rasten lassen.
- In der Zwischenzeit ein Geschirrtuch (oder Bäckerleinen) mithilfe eines Siebes mit etwas Roggenmehl gut bemehlen.
- Die gerasteten Teigkugeln flach drücken, jeweils den oberen Teil locker zur Mitte hin einschlagen, den unteren Teil ebenfalls zur Mitte klappen.
- Die Teigstücke von oben nach unten einrollen und mit etwas Druck von der Mitte ausgehend mit beiden Händen schön gleichmäßig auf eine Länge von ca. 38 cm formen, dabei die Enden ganz leicht zuspitzen.
- Die beiden Baguettes mit dem Schluss nach oben auf das bemehlte Tuch legen, abdecken und weitere 30 Minuten bei Raumtemperatur gehen lassen.
- Den Backofen auf 200 °C Heißluft vorheizen und ein hitzebeständiges Gefäß in den Backofen stellen.
- Die Baguettes vor dem Backen mit dem Schluss nach unten auf das Backblech legen und mit einem scharfen Teigmesser fünfmal schräg einschneiden.
- Wasser oder Eiswürfel in das hitzebeständige Gefäß schütten und die Baguettes auf der mittleren Schiene des Backofens mit viel Dampf backen, eventuell nach ⅔ der Backzeit das Backblech einmal wenden.
- Nach dem Backen auf einem Küchenrost auskühlen lassen.

Anleitungsfotos siehe S. 60 und 61.

Olivenbaguette

Knetzeit:
3 Minuten langsam,
6 ½ Minuten intensiver,
1 Minute Oliven unterheben,
gesamt 10 ½ Minuten

Teigruhe nach dem Kneten:
20 Minuten + 15 Minuten Zwischengare

Gehzeit vor dem Backen:
ca. 30 Minuten

Backzeit:
ca. 22 Minuten bei 200 °C Heißluft oder 220 °C Ober-/Unterhitze

Zutaten für 2 Stück

355 g	Bio-Weizenmehl Type 700
7 g	Salz
7 g	Bio-Gerstenmalzmehl
20 g	Olivenöl
9 g	frische Hefe
220 g	Wasser (22 °C)
50 g	entkernte grüne und schwarze Oliven

Bio-Roggenmehl Type 960 zum Bemehlen

etwas Olivenöl zum Bepinseln

Zubereitung

- Alle Zutaten bis auf die Oliven genau einwiegen und den Teig wie angegeben kneten, am Ende des Knetvorganges die in Scheiben geschnittenen Oliven ganz leicht mit Weizenmehl bemehlen und ca. 1 Minute mit der Küchenmaschine langsam unterheben, sodass sie gleichmäßig im Teig verteilt sind, anschließend den Teig 20 Minuten zugedeckt rasten lassen.
- Den Teig auf eine leicht bemehlte Arbeitsfläche geben, zwei Teigstücke zu je ca. 330 g auswiegen, diese diese locker rund formen (wirken).
- Mit dem Schluss nach oben auf der leicht bemehlten Arbeitsfläche zugedeckt ca. 15 Minuten rasten lassen.
- In der Zwischenzeit ein Geschirrtuch (oder Bäckerleinen) mithilfe eines Siebes mit etwas Roggenmehl gut bemehlen.
- Die gerasteten Teigkugeln flach drücken, jeweils den oberen Teil locker zur Mitte hin einschlagen, den unteren Teil ebenfalls zur Mitte klappen.
- Die Teigstücke von oben nach unten einrollen und mit etwas Druck von der Mitte ausgehend mit beiden Händen schön gleichmäßig auf eine Länge von ca. 38 cm formen, dabei die Enden ganz leicht zuspitzen.
- Die beiden Baguettes mit dem Schluss nach oben auf das bemehlte Tuch legen, abdecken und weitere 30 Minuten bei Raumtemperatur gehen lassen.
- Den Backofen auf 200 °C Heißluft vorheizen und ein hitzebeständiges Gefäß in den Backofen stellen.
- Die Baguettes vor dem Backen mit dem Schluss nach unten auf das Backblech legen, leicht mit etwas Olivenöl bestreichen und mit einem scharfen Teigmesser fünfmal schräg einschneiden.
- Wasser oder Eiswürfel in das hitzebeständige Gefäß schütten und die Baguettes auf der mittleren Schiene des Backofens mit viel Dampf backen, eventuell nach ⅔ der Backzeit das Backblech einmal wenden.
- Nach dem Backen auf einem Küchenrost auskühlen lassen.

Anleitungsfotos siehe S. 60 und 61.

Paprika-Oregano-Baguette

Knetzeit:
*3 Minuten langsam,
6 ½ Minuten intensiver,
1 Minute Paprika unterheben,
gesamt 10 ½ Minuten*

Teigruhe nach dem Kneten:
20 Minuten + 15 Minuten Zwischengare

Gehzeit vor dem Backen:
ca. 30 Minuten

Backzeit:
*ca. 22 Minuten bei
200 °C Heißluft oder
220 °C Ober-/Unterhitze*

Anleitungsfotos siehe S. 60 und 61.

Zutaten für 2 Stück

315 g	Bio-Weizenmehl Type 700
6 g	Salz
6 g	Bio-Gerstenmalzmehl
20 g	Olivenöl
4 g	Oregano
10 g	frische Hefe
200 g	Wasser (22 °C)
100 g	Paprikaschoten (grün, gelb und rot), in 0,5 cm große Würfel geschnitten

Bio-Roggenmehl Type 960 zum Bemehlen
etwas Olivenöl zum Bepinseln
etwas Oregano zum Bestreuen

Zubereitung

- Alle Teigzutaten bis auf die Paprikastücke genau einwiegen und den Teig wie angegeben kneten, am Ende des Knetvorganges die Paprikastücke ganz leicht mit Weizenmehl bemehlen und ca. 1 Minute mit der Küchenmaschine langsam unterheben, sodass diese gleichmäßig im Teig verteilt sind, anschließend 20 Minuten zugedeckt rasten lassen.
- Den Teig auf eine leicht bemehlte Arbeitsfläche geben, zwei Teigstücke zu je ca. 330 g auswiegen, diese diese locker rund formen (wirken).
- Mit dem Schluss nach oben auf der leicht bemehlten Arbeitsfläche zugedeckt ca. 15 Minuten rasten lassen.
- In der Zwischenzeit ein Geschirrtuch (oder Bäckerleinen) mithilfe eines Siebes mit etwas Roggenmehl gut bemehlen.
- Die gerasteten Teigkugeln flach drücken, jeweils den oberen Teil locker zur Mitte hin einschlagen, den unteren Teil ebenfalls zur Mitte klappen.
- Die Teigstücke von oben nach unten einrollen und mit etwas Druck von der Mitte ausgehend mit beiden Händen schön gleichmäßig auf eine Länge von ca. 38 cm formen, dabei die Enden ganz leicht zuspitzen.
- Die beiden Baguettes mit dem Schluss nach oben auf das bemehlte Tuch legen, abdecken und weitere 30 Minuten bei Raumtemperatur gehen lassen.
- Den Backofen auf 200 °C Heißluft vorheizen und ein hitzebeständiges Gefäß in den Backofen stellen.
- Die Baguettes vor dem Backen mit dem Schluss nach unten auf das Backblech legen, leicht mit etwas Olivenöl bestreichen, mit Oregano bestreuen und mit einem scharfen Teigmesser fünfmal schräg einschneiden.
- Wasser oder Eiswürfel in das hitzebeständige Gefäß schütten und die Baguettes auf der mittleren Schiene des Backofens mit viel Dampf backen, eventuell nach ⅔ der Backzeit das Backblech einmal wenden.
- Nach dem Backen auf einem Küchenrost auskühlen lassen.

Tomaten-Basilikum-Baguette

Knetzeit:
3 Minuten langsam,
6 ½ Minuten intensiver,
1 Minute Tomaten unterheben,
gesamt 10 ½ Minuten

Teigruhe nach dem Kneten:
20 Minuten + 15 Minuten Zwischengare

Gehzeit vor dem Backen:
ca. 30 Minuten

Backzeit:
ca. 22 Minuten bei
200 °C Heißluft oder
220 °C Ober-/Unterhitze

Anleitungsfotos siehe S. 60 und 61.

REZEPT MIT VIDEO!
Einfach den abgebildeten QR-Code scannen oder unter www.kochenundkueche.com ansehen!

Zutaten für 2 Stück

4 g	frische Basilikumblätter
20 g	Olivenöl
130 g	getrocknete, in Öl eingelegte Tomaten
300 g	Bio-Weizenmehl Type 700
7 g	Salz
7 g	Bio-Gerstenmalzmehl
10 g	frische Hefe
180 g	Wasser (22 °C)

Roggenmehl Type 960 zum Bemehlen
etwas Olivenöl zum Bepinseln
grobes Brezensalz zum Bestreuen

Zubereitung

- Die Basilikumblätter fein hacken, mit dem Olivenöl verrühren und kurz ziehen lassen.
- Die Tomaten gut abtropfen lassen, in grobe Streifen schneiden, mit Küchenpapier gut abtupfen und beiseitestellen.
- Alle Zutaten bis auf die Tomaten genau einwiegen und den Teig wie angegeben kneten, am Ende des Knetvorganges die Tomaten ganz leicht mit Weizenmehl bemehlen und ca. 1 Minute mit der Küchenmaschine langsam unterheben, damit diese gleichmäßig im Teig verteilt sind, anschließend 20 Minuten zugedeckt rasten lassen.
- Den Teig auf eine leicht bemehlte Arbeitsfläche geben, zwei Teigstücke zu je ca. 330 g auswiegen, diese diese locker rund formen (wirken).
- Mit dem Schluss nach oben auf der leicht bemehlten Arbeitsfläche zugedeckt ca. 15 Minuten rasten lassen.
- In der Zwischenzeit ein Geschirrtuch (oder Bäckerleinen) mithilfe eines Siebes mit etwas Roggenmehl gut bemehlen.
- Die gerasteten Teigkugeln flach drücken, jeweils den oberen Teil locker zur Mitte hin einschlagen, den unteren Teil ebenfalls zur Mitte klappen.
- Die Teigstücke von oben nach unten einrollen und mit etwas Druck von der Mitte ausgehend mit beiden Händen schön gleichmäßig auf eine Länge von ca. 38 cm formen, dabei die Enden ganz leicht zuspitzen.
- Die beiden Baguettes mit dem Schluss nach oben auf das bemehlte Tuch legen, abdecken und weitere 30 Minuten bei Raumtemperatur gehen lassen.
- Den Backofen auf 200 °C Heißluft vorheizen und ein hitzebeständiges Gefäß in den Backofen stellen.
- Die Baguettes vor dem Backen mit dem Schluss nach unten auf das Backblech legen, leicht mit etwas Olivenöl bestreichen, mit Brezensalz bestreuen und mit einem scharfen Teigmesser fünfmal schräg einschneiden.
- Wasser oder Eiswürfel in das hitzebeständige Gefäß schütten und die Baguettes auf der mittleren Schiene des Backofens mit viel Dampf backen, eventuell nach ⅔ der Backzeit das Backblech einmal wenden.
- Nach dem Backen auf einem Küchenrost auskühlen lassen.

Zitronenbaguette

Knetzeit:
3 Minuten langsam, 6 ½ Minuten intensiver, gesamt 9 ½ Minuten

Teigruhe nach dem Kneten:
20 Minuten + 15 Minuten Zwischengare

Gehzeit vor dem Backen:
ca. 30 Minuten

Backzeit:
ca. 22 Minuten bei 200 °C Heißluft oder 220 °C Ober-/Unterhitze

Zutaten für 2 Stück

2	unbehandelte Bio-Zitronen
385 g	Bio-Weizenmehl Type 700
8 g	Salz
8 g	Bio-Gerstenmalzmehl
14 g	Butter
10 g	frische Hefe
235 g	Wasser (22 °C)

Bio-Roggenmehl Type 960 zum Bemehlen

Zubereitung

- Die Bio-Zitronen waschen, die Schale abreiben (ca. 20 g) und beiseitestellen.
- Alle Zutaten bis auf die Zitronenschale genau einwiegen und den Teig wie angegeben kneten, die letzten 2 Minuten vor dem Knetende den Abrieb der Zitronen während des Knetens langsam beigeben, anschließend den Teig 20 Minuten zugedeckt rasten lassen.
- Den Teig auf eine leicht bemehlte Arbeitsfläche geben, zwei Teigstücke zu je ca. 330 g auswiegen, diese locker rund formen (wirken).
- Mit dem Schluss nach oben auf der leicht bemehlten Arbeitsfläche zugedeckt ca. 15 Minuten rasten lassen.
- In der Zwischenzeit ein Geschirrtuch (oder Bäckerleinen) mithilfe eines Siebes mit etwas Roggenmehl gut bemehlen.
- Die gerasteten Teigkugeln flach drücken, jeweils den oberen Teil locker zur Mitte hin einschlagen, den unteren Teil ebenfalls zur Mitte klappen.
- Die Teigstücke von oben nach unten einrollen und mit etwas Druck von der Mitte ausgehend mit beiden Händen schön gleichmäßig auf eine Länge von ca. 38 cm formen, dabei die Enden ganz leicht zuspitzen.
- Die beiden Baguettes mit dem Schluss nach oben auf das bemehlte Tuch legen, abdecken und weitere 30 Minuten bei Raumtemperatur gehen lassen.
- Den Backofen auf 200 °C Heißluft vorheizen und ein hitzebeständiges Gefäß in den Backofen stellen.
- Die Baguettes vor dem Backen mit dem Schluss nach unten auf das Backblech legen und mit einem scharfen Teigmesser fünfmal schräg einschneiden.
- Wasser oder Eiswürfel in das hitzebeständige Gefäß schütten und die Baguettes auf der mittleren Schiene des Backofens mit viel Dampf backen, eventuell nach ⅔ der Backzeit das Backblech einmal wenden.
- Nach dem Backen auf einem Küchenrost auskühlen lassen.

Anleitungsfotos siehe S. 60 und 61.

Dinkelbaguette mit gerösteten Sonnenblumen- und Kürbiskernen

Knetzeit:
3 Minuten langsam,
5 ½ Minuten intensiver,
gesamt 8 ½ Minuten

Teigruhe nach dem Kneten:
15 Minuten + 15 Minuten Zwischengare

Gehzeit vor dem Backen:
ca. 30 Minuten

Backzeit:
ca. 22 Minuten bei 200 °C Heißluft oder 220 °C Ober-/Unterhitze

Anleitungsfotos siehe S. 60 und 61.

Zutaten für 2 Stück

35 g	geröstete Sonnenblumenkerne
25 g	geröstete Kürbiskerne
360 g	Bio-Dinkelmehl Type 700
7 g	Salz
7 g	Bio-Gerstenmalzmehl
10 g	Butter
10 g	frische Hefe
230 g	Wasser (22 °C)

Bio-Roggenmehl Type 960 zum Bemehlen

Sonnenblumenkerne zum Wälzen

Zubereitung

- Sonnenblumenkerne und Kürbiskerne in einer Pfanne leicht anrösten und auskühlen lassen.
- Alle Zutaten inkl. Kerne genau einwiegen und den Teig wie angegeben kneten, anschließend 15 Minuten zugedeckt rasten lassen.
- Den Teig auf eine leicht bemehlte Arbeitsfläche geben, zwei Teigstücke zu je ca. 330 g auswiegen, diese locker rund formen (wirken).
- Mit dem Schluss nach oben auf der leicht bemehlten Arbeitsfläche zugedeckt ca. 15 Minuten rasten lassen.
- In der Zwischenzeit ein Geschirrtuch (oder Bäckerleinen) mithilfe eines Siebes mit etwas Roggenmehl gut bemehlen.
- Die gerasteten Teigkugeln flach drücken, jeweils den oberen Teil locker zur Mitte hin einschlagen, den unteren Teil ebenfalls zur Mitte klappen.
- Die Teigstücke von oben nach unten einrollen und mit etwas Druck von der Mitte ausgehend mit beiden Händen schön gleichmäßig auf eine Länge von ca. 38 cm formen, dabei die Enden ganz leicht zuspitzen.
- Die Baguettes leicht mit Wasser befeuchten und in Sonnenblumenkernen wälzen, dann mit dem Schluss nach oben auf das bemehlte Tuch legen, abdecken und weitere 30 Minuten bei Raumtemperatur gehen lassen.
- Den Backofen auf 200 °C Heißluft vorheizen und ein hitzebeständiges Gefäß in den Backofen stellen.
- Die Baguettes vor dem Backen mit dem Schluss nach unten quer auf das Backblech legen, in die Baguettes mit einem spitzen Gegenstand ca. 8–10 Löcher bis zum Boden einstechen.
- Wasser oder Eiswürfel in das hitzebeständige Gefäß schütten und die Baguettes auf der mittleren Schiene des Backofens mit viel Dampf backen, eventuell nach ⅔ der Backzeit das Backblech einmal wenden.
- Nach dem Backen auf einem Küchenrost auskühlen lassen.

Dinkelvollkorn-baguette mit Walnüssen

Knetzeit:
3 Minuten langsam,
5 ½ Minuten intensiver,
gesamt 8 ½ Minuten

Teigruhe nach dem Kneten:
15 Minuten + 15 Minuten Zwischengare

Gehzeit vor dem Backen:
ca. 30 Minuten

Backzeit:
ca. 22 Minuten bei
200 °C Heißluft oder
220 °C Ober-/Unterhitze

Zutaten für 2 Stück

345 g	Bio-Dinkelvollkornmehl
7 g	Salz
7 g	Bio-Gerstenmalzmehl
7 g	Honig
10 g	Butter
60 g	Walnüsse (im Ganzen)
10 g	frische Hefe
230 g	Wasser (22 °C)

Bio-Roggenmehl Type 960 zum Bemehlen

Sesam zum Bestreuen

Zubereitung

- Alle Zutaten genau einwiegen und den Teig wie angegeben kneten, anschließend 15 Minuten zugedeckt rasten lassen.
- Den Teig auf eine leicht bemehlte Arbeitsfläche geben, zwei Teigstücke zu je ca. 330 g auswiegen, diese locker rund formen (wirken).
- Mit dem Schluss nach oben auf der leicht bemehlten Arbeitsfläche zugedeckt ca. 15 Minuten rasten lassen.
- In der Zwischenzeit ein Geschirrtuch (oder Bäckerleinen) mithilfe eines Siebes mit etwas Roggenmehl gut bemehlen.
- Die gerasteten Teigkugeln flach drücken, jeweils den oberen Teil locker zur Mitte hin einschlagen, den unteren Teil ebenfalls zur Mitte klappen.
- Die Teigstücke von oben nach unten einrollen und mit etwas Druck von der Mitte ausgehend mit beiden Händen schön gleichmäßig auf eine Länge von ca. 38 cm formen, dabei die Enden ganz leicht zuspitzen.
- Die Baguettes leicht mit Wasser befeuchten und in Sesam wälzen, dann mit dem Schluss nach oben auf das bemehlte Tuch legen, abdecken und weitere 30 Minuten bei Raumtemperatur gehen lassen.
- Den Backofen auf 200 °C Heißluft vorheizen und ein hitzebeständiges Gefäß in den Backofen stellen.
- Die Baguettes vor dem Backen mit dem Schluss nach unten auf das Backblech legen, in die Baguettes mit einem spitzen Gegenstand ca. 8–10 Löcher bis zum Boden einstechen.
- Wasser oder Eiswürfel in das hitzebeständige Gefäß schütten und die Baguettes auf der mittleren Schiene des Backofens mit viel Dampf backen, eventuell nach ⅔ der Backzeit das Backblech einmal wenden.
- Nach dem Backen auf einem Küchenrost auskühlen lassen.

Anleitungsfotos siehe S. 60 und 61.

Saatenbaguette

Knetzeit:
3 Minuten langsam, 6 ½ Minuten intensiver, gesamt 9 ½ Minuten

Teigruhe nach dem Kneten:
20 Minuten + 15 Minuten Zwischengare

Gehzeit vor dem Backen:
ca. 30 Minuten

Backzeit:
ca. 26 Minuten bei 200 °C Heißluft oder 220 °C Ober-/Unterhitze

Anleitungsfotos siehe S. 60 und 61.

Zutaten für 2 Stück

QUELLSTÜCK

15 g	Sesam
20 g	Leinsamen
20 g	Sonnenblumenkerne
10 g	Mohn
60 g	Wasser (40 °C)

TEIG

125 g	Quellstück
225 g	Bio-Weizenmehl Type 700
60 g	Bio-Roggenmehl Type 960
8 g	Salz
8 g	Bio-Gerstenmalzmehl
6 g	Bio-Roggenvollkorn-sauerteig (getrocknet)
4 g	Bio-Brotgewürz (Kümmel, Fenchel, Anis)
20 g	Butter
12 g	frische Hefe
190 g	Wasser (22 °C)

Bio-Roggenmehl Type 960 zum Bemehlen

Sonnenblumenkerne, Leinsamen und Sesam (1:1:1 gemischt) zum Bestreuen

Zubereitung

- Zu Beginn für das Quellstück alle Zutaten gut vermischen und mindestens 2 Stunden bei Raumtemperatur quellen lassen.
- Dann für den Teig die restlichen Zutaten (auch das Quellstück) genau einwiegen und den Teig wie angegeben kneten, anschließend 20 Minuten zugedeckt rasten lassen.
- Den Teig auf eine leicht bemehlte Arbeitsfläche geben, zwei Teigstücke zu je ca. 330 g auswiegen, diese locker rund formen (wirken).
- Mit dem Schluss nach oben auf der leicht bemehlten Arbeitsfläche zugedeckt ca. 15 Minuten rasten lassen.
- In der Zwischenzeit ein Geschirrtuch (oder Bäckerleinen) mithilfe eines Siebes mit etwas Roggenmehl gut bemehlen.
- Die gerasteten Teigkugeln flach drücken, jeweils den oberen Teil locker zur Mitte hin einschlagen, den unteren Teil ebenfalls zur Mitte klappen.
- Die Teigstücke von oben nach unten einrollen und mit etwas Druck von der Mitte ausgehend mit beiden Händen schön gleichmäßig auf eine Länge von ca. 38 cm formen, dabei die Enden ganz leicht zuspitzen.
- Die Baguettes leicht mit Wasser befeuchten und in der Mischung aus Sonnenblumenkernen, Leinsamen und Sesam wälzen, dann mit dem Schluss nach oben auf das bemehlte Tuch legen, abdecken und weitere 30 Minuten bei Raumtemperatur gehen lassen.
- Den Backofen auf 200 °C Heißluft vorheizen und ein hitzebeständiges Gefäß in den Backofen stellen.
- Die Baguettes vor dem Backen mit dem Schluss nach unten auf das Backblech legen und mit einem scharfen Teigmesser fünfmal schräg einschneiden.
- Wasser oder Eiswürfel in das hitzebeständige Gefäß schütten und die Baguettes auf der mittleren Schiene des Backofens mit viel Dampf backen, eventuell nach ⅔ der Backzeit das Backblech einmal wenden.
- Nach dem Backen auf einem Küchenrost auskühlen lassen.

Steirisches Kernölbaguette
mit Käse überbacken

Knetzeit:
3 Minuten langsam,
6 ½ Minuten intensiver,
gesamt 9 ½ Minuten

Teigruhe nach dem Kneten:
20 Minuten + 15 Minuten Zwischengare

Gehzeit vor dem Backen:
ca. 30 Minuten

Backzeit:
ca. 22 Minuten bei
200 °C Heißluft oder
220 °C Ober-/Unterhitze

Anleitungsfotos siehe S. 60 und 61.

Zutaten für 2 Stück

360 g	Bio-Weizenmehl Type 700
8 g	Salz
8 g	Bio-Gerstenmalzmehl
8 g	Butter
30 g	steirisches Kürbiskernöl
40 g	steirische Kürbiskerne
10 g	frische Hefe
210 g	Wasser (22 °C)

Bio-Roggenmehl Type 960 zum Bemehlen

ca. 60 g Pizzakäse*

Zubereitung

- Alle Zutaten genau einwiegen und den Teig wie angegeben kneten, anschließend 20 Minuten zugedeckt rasten lassen.
- Den Teig auf eine leicht bemehlte Arbeitsfläche geben, zwei Teigstücke zu je ca. 330 g auswiegen, diese locker rund formen (wirken).
- Mit dem Schluss nach oben auf der leicht bemehlten Arbeitsfläche zugedeckt ca. 15 Minuten rasten lassen.
- In der Zwischenzeit ein Geschirrtuch (oder Bäckerleinen) mithilfe eines Siebes mit etwas Roggenmehl gut bemehlen.
- Die gerasteten Teigkugeln flach drücken, jeweils den oberen Teil locker zur Mitte hin einschlagen, den unteren Teil ebenfalls zur Mitte klappen.
- Die Teigstücke von oben nach unten einrollen und mit etwas Druck von der Mitte ausgehend mit beiden Händen schön gleichmäßig auf eine Länge von ca. 38 cm formen, dabei die Enden ganz leicht zuspitzen.
- Die beiden Baguettes mit dem Schluss nach oben auf das bemehlte Tuch legen, abdecken und weitere 30 Minuten bei Raumtemperatur gehen lassen.
- Den Backofen auf 200 °C Heißluft vorheizen und ein hitzebeständiges Gefäß in den Backofen stellen.
- Die Baguettes vor dem Backen mit dem Schluss nach unten auf das Backblech legen und mit einem scharfen Teigmesser fünfmal schräg einschneiden, den Käse in die Schnitte hineindrücken oder auf die Baguettes streuen.
- Wasser oder Eiswürfel in das hitzebeständige Gefäß schütten und die Baguettes auf der mittleren Schiene des Backofens mit viel Dampf backen, eventuell nach ⅔ der Backzeit das Backblech einmal wenden.
- Nach dem Backen auf einem Küchenrost auskühlen lassen.

Statt Pizzakäse können Sie natürlich jeden beliebigen selbst geriebenen Käse verwenden.

Baguette „traditionelle“ (Original französisches Baguette)

Knetzeit Vorteig:
5 Minuten mit dem Handmixer durchmischen bzw. kneten

Knetzeit Hauptteig:
10 Minuten langsam, gesamt 10 Minuten

Teigruhe für den Vorteig:
15–20 Stunden zugedeckt bei Raumtemperatur

Teigruhe nach dem Kneten:
60 Minuten + 60 Minuten + 15 Minuten Zwischengare

Gehzeit vor dem Backen:
ca. 45 Minuten

Backzeit:
ca. 28 Minuten bei 225 °C Heißluft oder 245° C Ober-/Unterhitze

Das originale französische Baguette braucht viel Zeit zum Rasten, damit Geschmack und Aroma sich entwickeln können. Aber das Ergebnis lohnt sich auf jeden Fall. Ich wünsche viel Spaß beim Ausprobieren.

Zutaten für 3 Stück

VORTEIG	
60 g	Wasser (20 °C)
1 g	frische Hefe
100 g	Bio-Weizenmehl Type 700
2 g	Salz

HAUPTTEIG	
163 g	Vorteig
480 g	Bio-Weizenmehl Type 700
10 g	Salz
3 g	Bio-Gerstenmalzmehl
7 g	frische Hefe
320 g	Wasser (22 °C)

Bio-Roggenmehl Type 960 zum Bemehlen

Zubereitung

- Für den Vorteig temperiertes Wasser in eine Rührschüssel geben, die Hefe beimengen und mit einem Schneebesen verrühren, bis sich die Hefe aufgelöst hat, das Weizenmehl und das Salz dazuwiegen und alles mit einem Handmixer 5 Minuten durchmischen, mit Frischhaltefolie abdecken und bei Raumtemperatur 15–20 Stunden rasten lassen.
- Nach der Reifezeit des Vorteiges alle Zutaten für den Hauptteig genau einwiegen, zum Vorteig geben und vermengen, wie beschrieben kneten, danach 60 Minuten zugedeckt rasten lassen.
- Nach der Ruhezeit den Teig 1 Minute langsam durchkneten, auf eine leicht bemehlte Arbeitsfläche geben, locker rund formen und nochmals 60 Minuten zugedeckt bei Raumtemperatur rasten lassen.
- In der Zwischenzeit ein Geschirrtuch (oder Bäckerleinen) mithilfe eines Siebes mit etwas Roggenmehl gut bemehlen.
- Den Teig mit einer Teigkarte in drei Stücke zu je ca. 330 g teilen, diese jeweils locker rund formen (wirken), mit dem Schluss nach oben auf der leicht bemehlten Arbeitsfläche zugedeckt ca. 15 Minuten rasten lassen.
- Die gerasteten Teigkugeln ganz leicht und ohne Druck flach drücken, jeweils den oberen Teil locker zur Mitte hin einschlagen, den unteren Teil ebenfalls zur Mitte klappen.
- Die Teigstücke von oben nach unten einrollen und mit etwas Druck von der Mitte ausgehend mit beiden Händen auf eine Länge von ca. 35 cm gleichmäßig formen, die Enden leicht zuspitzen.
- Die Baguettes mit dem Schluss nach oben auf das bemehlte Tuch legen, abdecken, und weitere 45 Minuten bei Raumtemperatur gehen lassen.
- Den Backofen auf 225 °C Heißluft vorheizen und ein hitzebeständiges Gefäß in den Backofen stellen.
- Die Baguettes vor dem Backen mit dem Schluss nach unten auf das Backblech legen und mit einem scharfen Teigmesser oder einer Rasierklinge drei- bis viermal schräg einschneiden.
- Mit wenig Dampf backen, dazu etwas Wasser oder einige Eiswürfel in das hitzebeständige Gefäß schütten und die Baguettes auf der mittleren Schiene des Backofens backen, eventuell nach ⅔ der Backzeit das Backblech einmal wenden.
- Nach dem Backen auf einem Küchenrost auskühlen lassen.

Weißbrot
vom Feinsten – international

Kapitel 3

Sandwichwecken

Ein Klassiker aus den englischen Backstuben! Das Rezept ist einfach, das Ergebnis schmeckt ausgezeichnet und ist ein idealer Begleiter zu Gerichten aller Art. In Scheiben geschnitten und kurz getoastet ist der Sandwichwecken ein absoluter Hit. Aber vor allem bereitet man aus diesem Brot natürlich die berühmten, angeblich nach dem Earl of Sandwich benannten Sandwiches zu: Zwischen zwei Scheiben vom Sandwichwecken kommt der Belag, der ganz nach eigenem Geschmack ausgewählt werden kann!

Knetzeit:
2 Minuten langsam,
7 ½ Minuten intensiver,
gesamt 9 ½ Minuten

Teigruhe nach dem Kneten:
*20 Minuten + 15 Minuten Zwischengare**

Gehzeit vor dem Backen:
ca. 30 Minuten

Backzeit:
ca. 28 Minuten bei 200 °C Heißluft oder 220 °C Ober-/Unterhitze

**** Zwischengare ist der Fachbegriff für die Gehzeit, wenn man z. B. den Teig nach dem Kneten rund formt und diese Teigkugel vor dem Formen des Gebäckstückes/der Gebäckstücke noch einmal gehen lässt.***

Zutaten für 2 Stück

470 g	Bio-Weizenmehl Type 700
10 g	Salz
10 g	Bio-Gerstenmalzmehl
6 g	Feinkristallzucker
20 g	Butter
15 g	frische Hefe
285 g	Wasser (22 °C)

Zubereitung

- Alle Zutaten genau einwiegen und den Teig wie angegeben kneten, anschließend 20 Minuten zugedeckt rasten lassen.
- Den Teig auf eine leicht bemehlte Arbeitsfläche geben, zwei Teigstücke zu je ca. 400 g auswiegen, diese locker rund formen (wirken).
- Mit dem Schluss nach oben auf der leicht bemehlten Arbeitsfläche zugedeckt ca. 15 Minuten rasten lassen.
- Die gerasteten Teigkugeln flach drücken, jeweils den oberen Teil locker zur Mitte hin einschlagen, den unteren Teil ebenfalls zur Mitte klappen.
- Die Teigstücke von oben nach unten einrollen und mit etwas Druck von der Mitte ausgehend mit beiden Händen gleichmäßig auf eine Länge von ca. 34 cm formen.
- Die beiden Sandwichwecken mit dem Schluss nach unten auf ein Backblech legen, mit Wasser leicht besprühen, abdecken und weitere 30 Minuten bei Raumtemperatur gehen lassen.
- Den Backofen auf 200 °C Heißluft vorheizen und ein hitzebeständiges Gefäß in den Backofen stellen.
- Mit einem scharfen Teigmesser die Wecken fünf- bis sechsmal schräg einschneiden und vor dem Backen kräftig mit Wasser besprühen.
- Wasser oder Eiswürfel in das hitzebeständige Gefäß schütten und die Wecken auf der mittleren Schiene des Backofens backen, eventuell nach ⅔ der Backzeit das Backblech einmal wenden.
- Nach dem Backen die Sandwichwecken ganz leicht mit Wasser besprühen, damit eine glänzende Kruste entsteht, und auf einem Küchenrost auskühlen lassen.

Mürber Sandwichwecken

Knetzeit:
2 Minuten langsam, 7 ½ Minuten intensiver, gesamt 9 ½ Minuten

Teigruhe nach dem Kneten:
20 Minuten + 15 Minuten Zwischengare

Gehzeit vor dem Backen:
ca. 30 Minuten

Backzeit:
ca. 28 Minuten bei 180 °C Heißluft oder 200 °C Ober-/Unterhitze

Zutaten für 2 Stück

460 g	Bio-Weizenmehl Type 700	15 g	Butter
8 g	Salz	21 g	frische Hefe
4 g	Bio-Gerstenmalzmehl	140 g	Wasser (24 °C)
42 g	Feinkristallzucker	140 g	Milch (kühl)

Zubereitung

- Alle Zutaten genau einwiegen und den Teig wie angegeben kneten, anschließend 20 Minuten zugedeckt rasten lassen.
- Den Teig auf eine leicht bemehlte Arbeitsfläche geben, zwei Teigstücke zu je ca. 415 g auswiegen, diese locker rund formen (wirken).
- Mit dem Schluss nach oben auf der leicht bemehlten Arbeitsfläche zugedeckt ca. 15 Minuten rasten lassen.
- Die gerasteten Teigkugeln flach drücken, jeweils den oberen Teil locker zur Mitte hin einschlagen, den unteren Teil ebenfalls zur Mitte klappen.
- Die Teigstücke von oben nach unten einrollen und mit etwas Druck von der Mitte ausgehend mit beiden Händen gleichmäßig auf eine Länge von ca. 34 cm formen.
- Die beiden Sandwichwecken mit dem Schluss nach unten auf ein Backblech legen, mit Wasser leicht besprühen, abdecken und weitere 30 Minuten bei Raumtemperatur gehen lassen.
- Den Backofen auf 180 °C Heißluft vorheizen und ein hitzebeständiges Gefäß in den Backofen stellen.
- Vor dem Backen mit einer stumpfen Nadel oder einer Gabel tiefe Löcher bis zum Boden der Wecken einstechen und die Wecken sehr kräftig mit Wasser besprühen.
- Wasser oder Eiswürfel in das hitzebeständige Gefäß schütten und die Wecken auf der mittleren Schiene des Backofens backen, eventuell nach ⅔ der Backzeit das Backblech einmal wenden.
- Nach dem Backen die Sandwichwecken ganz leicht mit Wasser besprühen, damit eine glänzende Kruste entsteht, und auf einem Küchenrost auskühlen lassen.

Diese mürben Sandwichwecken sind einfach ein Gedicht! Die leichte Süße des Teiges, der flaumige Buttergeschmack sowie die saftige Krume verleihen diesem Gebäck einen einzigartigen Geschmack.

Buttertoastbrot

Knetzeit:
3 Minuten langsam, 7 Minuten intensiver, gesamt 10 Minuten

Teigruhe nach dem Kneten:
20 Minuten + 15 Minuten Zwischengare

Gehzeit vor dem Backen:
ca. 30–40 Minuten

Backzeit:
ca. 40–45 Minuten bei 200 °C Heißluft oder 220 °C Ober-/Unterhitze

Wer dieses Rezept einmal ausprobiert hat, wird nie mehr ein Toastbrot kaufen wollen. Der herrliche Buttergeschmack, die saftige Krume – einfach traumhaft!

Zutaten für 1 Kastenform (1000 ml Füllvermögen)

515 g	Bio-Weizenmehl Type 700	21 g	frische Hefe
11 g	Salz	290 g	Wasser (22 °C)
9 g	Bio-Gerstenmalzmehl		
6 g	Feinkristallzucker		Butter zum Befetten der Form
55 g	Butter		

Zubereitung

- Alle Zutaten genau einwiegen und den Teig wie angegeben kneten, anschließend 20 Minuten zugedeckt rasten lassen.
- Den Teig auf eine leicht bemehlte Arbeitsfläche geben, rund formen (wirken), mit dem Schluss nach oben auf die Arbeitsfläche legen, mit einem Geschirrtuch abdecken und nochmals ca. 15 Minuten rasten lassen.
- Die Teigkugel etwas flach drücken, jeweils den oberen Teil zur Mitte hin einschlagen, den unteren Teil ebenfalls zur Mitte klappen.
- Das Teigstück von oben nach unten einrollen und zu einem Wecken in der Länge der Kastenform formen.
- Mit dem Schluss nach unten in die befettete Kastenform legen und die Oberfläche ganz leicht und mit wenig Druck flach drücken.
- Das Toastbrot gut mit Wasser befeuchten, abdecken und bei Raumtemperatur ca. 30–40 Minuten gehen lassen.
- Den Backofen auf 200 °C Heißluft vorheizen und ein hitzebeständiges Gefäß in den Backofen stellen.
- Wenn das Toastbrot gut aufgegangen ist, Wasser oder Eiswürfel in das hitzebeständige Gefäß schütten, die Kastenform mittig auf ein Backblech oder einen Rost stellen und auf der mittleren Schiene des Backofens backen.
- Für eine glänzende Kruste das Toastbrot 5 Minuten vor dem Backende leicht mit Wasser besprühen oder bestreichen.
- Nach dem Backen das Brot sofort aus der heißen Form stürzen und auf einem Küchenrost auskühlen lassen.

AUFBEWAHRUNGSTIPP
Das Toastbrot nach dem Auskühlen in Frischhaltefolie einwickeln. Das Brot kann aber auch in Scheiben geschnitten eingefroren und je nach Bedarf aufgetaut werden.

Toskanabrot

Knetzeit:
3 Minuten langsam, 6 ½ Minuten intensiver, gesamt 9 ½ Minuten

Teigruhe nach dem Kneten:
30 Minuten + 15 Minuten Zwischengare

Gehzeit vor dem Backen:
ca. 30 Minuten

Backzeit:
ca. 28–30 Minuten bei 205 °C Heißluft oder 225° C Ober-/Unterhitze

Das Toskanabrot können Sie ruhig bereits am Vorabend vorbereiten, reduzieren Sie lediglich bei der Rezeptur die Hefemenge auf ca. 10 g. Die geformten Brote in den Gärkörben mit einem Geschirrtuch abdecken und in den Kühlschrank stellen. Am nächsten Tag den Backofen vorheizen, Brote aus dem Kühlschrank nehmen, auf das Backblech stürzen und wie angegeben backen.

Das Toskanabrot ist eines meiner Lieblingsweißbrote. Durch die Zugabe von Polenta (Maisgrieß) bekommt das Brot einen unverwechselbaren Geschmack und ist der ideale Begleiter zu Gegrilltem.

Zutaten für 2 Stück

500 g	Bio-Weizenmehl Type 700
10 g	Salz
10 g	Bio-Gerstenmalzmehl
25 g	Polenta (Maisgrieß) oder Weizengrieß
20 g	Olivenöl
14 g	frische Hefe
325 g	Wasser (22 °C)

2 längliche Gärkörbe (à 500 g Füllungsvermögen)

etwas Roggenmehl Type 960 und Polenta (Maisgrieß) für die Körbe

Zubereitung

- Alle Zutaten genau einwiegen und den Teig wie beschrieben kneten, auf eine leicht bemehlte Arbeitsfläche geben und zugedeckt 30 Minuten rasten lassen.
- Zwei Teigstücke zu je ca. 450 g auswiegen, diese rund formen bzw. wirken und zugedeckt nochmals 15 Minuten rasten lassen.
- In der Zwischenzeit die Gärkörbe leicht mit Roggenmehl bestauben, zusätzlich etwas Polenta hineinstreuen.
- Zum Aufarbeiten die runden Teigstücke etwas flach drücken, jeweils von oben und unten zur Mitte hin einschlagen, leicht in die Länge rollen und zu einem Wecken formen.
- Mit dem Schluss nach unten in die mit Mehl und Polenta bestreuten Gärkörbe legen, mit einem Tuch abdecken und bei Raumtemperatur ca. 30 Minuten gehen lassen.
- Den Backofen auf 205 °C Heißluft vorheizen und ein hitzebeständiges Gefäß in den Backofen stellen.
- Nach etwa 30 Minuten die Toskanabrote aus den Gärkörben auf ein Backblech stürzen.
- Wasser oder Eiswürfel in das hitzebeständige Gefäß schütten und die Wecken auf der mittleren Schiene des Backofens backen, eventuell nach ⅔ der Backzeit das Backblech einmal wenden.
- Nach dem Backen auf einem Küchenrost auskühlen lassen.

Backprofis Ciabatta

Knetzeit Vorteig:
1 Minute mit dem Kochlöffel durchmischen

Knetzeit Hauptteig:
8 Minuten langsam, 3 Minuten intensiver, gesamt 11 Minuten

Teigruhe für den Vorteig:
18–24 Stunden zugedeckt bei Raumtemperatur

Teigruhe nach dem Kneten:
30 Minuten

Gehzeit vor dem Backen:
ca. 30 Minuten

Backzeit:
ca. 28–30 Minuten bei 210 °C Heißluft oder 230° C Ober-/Unterhitze

REZEPT MIT VIDEO!
Einfach den abgebildeten QR-Code scannen oder unter www.derbackprofi.at ansehen!

Zutaten für 2 Stück

VORTEIG	
150 g	Wasser (20 °C)
2 g	frische Hefe
150 g	Bio-Weizenmehl Type 700

HAUPTTEIG	
302 g	Vorteig
350 g	Bio-Weizenmehl Type 700
10 g	Salz
10 g	Bio-Gerstenmalzmehl
20 g	Olivenöl
10 g	frische Hefe
165 g	Wasser (22 °C)

Bio-Weizenmehl Type 700 zum Bemehlen
etwas Olivenöl

Zubereitung

- Für den Vorteig das Wasser in eine Rührschüssel geben, die Hefe beimengen und mit einem Schneebesen verrühren, bis sich die Hefe aufgelöst hat, das Weizenmehl dazuwiegen und alles mit einem Kochlöffel 1 Minute durchmischen, mit Frischhaltefolie abdecken und bei Raumtemperatur 18–24 Stunden rasten lassen.
- Nach der Reifezeit alle Zutaten für den Hauptteig genau einwiegen und mit dem Vorteig vermengen, den Teig wie beschrieben kneten, danach auf eine stark bemehlte Arbeitsfläche geben, leicht rechteckig formen und zugedeckt 30 Minuten rasten lassen.
- Mithilfe einer Teigkarte den Teig in zwei gleich große Stücke à ca. 430 g teilen.
- Beide Teigstücke nun locker und ohne Druck zu länglichen Wecken formen und auf ein Backblech legen, die Oberfläche kräftig mit Weizenmehl bemehlen, die Brote mit einem Geschirrtuch abdecken und bei Raumtemperatur ca. 30 Minuten rasten lassen.
- Den Backofen auf 210 °C Heißluft vorheizen und ein hitzebeständiges Gefäß in den Backofen stellen.
- Vor dem Backen die Oberfläche beider Brote leicht mit Olivenöl bestreichen und ganz leicht mit Wasser besprühen.
- Mit etwas Dampf backen, dazu ein wenig Wasser oder einige Eiswürfel in das hitzebeständige Gefäß schütten und die Brote auf der mittleren Schiene des Backofens backen, eventuell nach ⅔ der Backzeit das Backblech einmal wenden.
- Nach dem Backen auf einem Küchenrost auskühlen lassen.

Trüffelciabatta
mit Walnüssen

Knetzeit Vorteig:
1 Minute mit dem Kochlöffel durchmischen

Knetzeit Hauptteig:
8 Minuten langsam, 3 Minuten intensiver, gesamt 11 Minuten

Teigruhe für den Vorteig:
18–24 Stunden zugedeckt bei Raumtemperatur

Teigruhe nach dem Kneten:
30 Minuten

Gehzeit vor dem Backen:
ca. 30 Minuten

Backzeit:
ca. 28–30 Minuten bei 210 °C Heißluft oder 230° C Ober-/Unterhitze

Trüffelfans werden dieses Ciabatta lieben. Ein köstlicher Begleiter zu vielen Gerichten – einzigartig im Geschmack.

Zutaten für 2 Stück

VORTEIG

150 g	Wasser (20 °C)
2 g	frische Hefe
150 g	Bio-Weizenmehl Type 700
50 g	Trüffelöl
10 g	frische Hefe
125 g	Wasser (22 °C)
70 g	ganze Walnusskerne

HAUPTTEIG

302 g	Vorteig
350 g	Bio-Weizenmehl Type 700
10 g	Salz
10 g	Bio-Gerstenmalzmehl

Bio-Weizenmehl Type 700 zum Bemehlen
etwas Olivenöl
Walnusskerne

Zubereitung

- Für den Vorteig das Wasser in eine Rührschüssel geben, die Hefe beimengen und mit einem Schneebesen verrühren, bis sich die Hefe aufgelöst hat, das Weizenmehl dazuwiegen und alles mit einem Kochlöffel 1 Minute durchmischen, mit Frischhaltefolie abdecken und bei Raumtemperatur 18–24 Stunden rasten lassen.
- Nach der Reifezeit alle Zutaten für den Hauptteig genau einwiegen und mit dem Vorteig vermengen, den Teig wie beschrieben kneten, danach auf eine stark bemehlte Arbeitsfläche geben, leicht rechteckig formen und zugedeckt 30 Minuten rasten lassen.
- Mithilfe einer Teigkarte den Teig in zwei gleich große Stücke à ca. 460 g teilen.
- Beide Teigstücke locker und ohne Druck zu länglichen Wecken formen und auf ein Backblech legen, die Oberfläche kräftig mit Weizenmehl bemehlen, die Brote mit einem Geschirrtuch abdecken und bei Raumtemperatur ca. 30 Minuten rasten lassen.
- Den Backofen auf 210 °C Heißluft vorheizen und ein hitzebeständiges Gefäß in den Backofen stellen.
- Vor dem Backen die Oberfläche beider Brote leicht mit Olivenöl bestreichen, eventuell ein paar Walnussstücke in die Brote drücken und ganz leicht mit Wasser besprühen.
- Mit etwas Dampf backen, dazu ein wenig Wasser oder einige Eiswürfel in das hitzebeständige Gefäß schütten und die Brote auf der mittleren Schiene des Backofens backen, eventuell nach ⅔ der Backzeit das Backblech einmal wenden.
- Nach dem Backen auf einem Küchenrost auskühlen lassen.

Focaccia

Knetzeit:
3 Minuten langsam, 7 Minuten intensiver, gesamt 10 Minuten

Teigruhe nach dem Kneten:
30 Minuten

Gehzeit vor dem Backen:
ca. 30 Minuten

Backzeit:
ca. 25 Minuten bei 200 °C Heißluft oder 220 °C Ober-/Unterhitze

Focaccia ist in der Zubereitung sehr einfach und schmeckt einfach traumhaft! Sie kann ganz nach persönlichem Belieben belegt werden.

Zutaten für 1 Blech

TEIG	
600 g	Bio-Weizenmehl Type 700
12 g	Salz
12 g	Bio-Gerstenmalzmehl
60 g	Olivenöl
20 g	frische Hefe
380 g	Wasser (22 °C)

BELAG	
ca. 100 g	Kapernbeeren, halbiert
ca. 100 g	entkernte grüne und schwarze Oliven
Rosmarin, fein gehackt	
Brezensalz	
2	Knoblauchzehen
3 EL	Olivenöl

Zubereitung

- Alle Zutaten genau einwiegen und den Teig wie angegeben kneten, anschließend etwas Weizenmehl über den Teig streuen und 30 Minuten zugedeckt rasten lassen.
- Ein Backblech mit Backpapier auslegen und leicht mit Olivenöl bestreichen.
- Den Teig auf eine bemehlte Arbeitsfläche geben und mithilfe eines Rundholzes auf Blechgröße ausrollen, den Focacciateig auf das Backblech legen und gleichmäßig verteilen, leicht mit Olivenöl bestreichen, mit einem Geschirrtuch abdecken und bei Raumtemperatur ca. 30 Minuten gehen lassen.
- Den Backofen auf 200 °C Heißluft vorheizen und ein hitzebeständiges Gefäß in den Backofen stellen.
- Mit einem Kochlöffelstiel Vertiefungen in den Teig stechen und eine Hälfte mit halbierten Kapernbeeren, die andere Hälfte mit Oliven belegen, den ganzen Teig mit Rosamarin und Brezensalz bestreuen.
- Mit etwas Dampf backen, dazu ein wenig Wasser oder einige Eiswürfel in das hitzebeständige Gefäß schütten und die Brote auf der mittleren Schiene des Backofens backen.
- In der Zwischenzeit die Knoblauchzehen schälen und fein schneiden und mit etwas Olivenöl vermengen.
- Die Focaccia nach dem Backen sofort mit der Knoblauch-Olivenöl-Mischung gut bepinseln und dann auf einem Küchenrost auskühlen lassen.

Die Focaccia lässt sich gut schon am Vortag oder einige Stunden vorher vorbereiten, reduzieren Sie lediglich bei der Rezeptur die Hefemenge auf ca. 13 g. Nach dem Belegen mit Frischhaltefolie abdecken und in den Kühlschrank geben. Den Backofen vorheizen, Focaccia aus dem Kühlschrank nehmen, gut mit Wasser besprühen und wie angegeben backen.

REZEPT MIT VIDEO!
Einfach den abgebildeten QR-Code scannen oder unter www.derbackprofi.at ansehen!

Gebäck-spezialitäten
für jede Party

Kapitel 4

Knoblauchbrot

Knetzeit:
*3 Minuten langsam,
6 ½ Minuten intensiver,
gesamt 9 ½ Minuten*

Teigruhe nach dem Kneten:
*20 Minuten + 20 Minuten Zwischengare**

Gehzeit vor dem Backen:
ca. 30 Minuten

Backzeit:
*ca. 28 Minuten bei
200 °C Heißluft oder
220 °C Ober-/Unterhitze*

Knoblauchfans werden dieses Brot lieben, dabei ist es so einfach: Weißbrotteig mit jeder Menge frischem Knoblauch gefüllt. Der Duft beim Backen wird Sie zum Schwärmen bringen!

Zutaten für 2 Stück

TEIG	
500 g	Bio-Weizenmehl Type 700
10 g	Salz
10 g	Bio-Gerstenmalzmehl
10 g	Olivenöl
15 g	frische Hefe
300 g	Wasser (22 °C)

FÜLLE	
1	Knoblauchknolle
2 g	Salz
50 g	Olivenöl

Olivenöl zum Bestreichen
Sesam zum Bestreuen

Zubereitung

- Für die Fülle den Knoblauch schälen und pürieren oder fein hacken, mit dem Salz und dem Olivenöl zu einer Paste verrühren und beiseitestellen.
- Alle Zutaten für den Teig genau einwiegen und wie angegeben kneten, dann den Teig auf eine bemehlte Arbeitsfläche geben und 20 Minuten zugedeckt rasten lassen.
- Den Teig mit einer Teigkarte in zwei gleich große Stücke zu je ca. 420 g teilen, diese locker rund formen (wirken) und weitere 20 Minuten zugedeckt bei Raumtemperatur rasten lassen.
- Die Teigkugeln mit der Hand etwas flach drücken und mit etwas Weizenmehl relativ dünn zu einem 22 x 40 cm großen Rechteck ausrollen, die Teigränder leicht mit Olivenöl bestreichen.
- Die untere Hälfte der beiden Teigfladen gleichmäßig und großzügig mit der Knoblauchpaste bestreichen, das obere Teigstück von oben nach unten legen, sodass eine Art Teigtasche entsteht, die Ränder mit den Fingern leicht andrücken und gut verschließen.
- Beide Brote auf ein mit Backpapier ausgelegtes Blech legen und gegebenenfalls etwas nachformen, sodass ein schönes, längliches Brot entsteht, die Brote leicht mit Wasser befeuchten, mit einem Geschirrtuch abdecken und bei Raumtemperatur ca. 30 Minuten rasten lassen.
- Den Backofen auf 200 °C Heißluft vorheizen und ein hitzebeständiges Gefäß in den Backofen stellen.
- Vor dem Backen die Knoblauchbrote gut mit Wasser besprühen und etwas Sesam darüberstreuen.
- Mit wenig Dampf backen, dazu etwas Wasser oder einige Eiswürfel in das hitzebeständige Gefäß schütten und anschließend die Brote auf der mittleren Schiene des Backofens backen, eventuell nach ⅔ der Backzeit das Backblech einmal wenden.
- Auf einem Küchenrost leicht auskühlen lassen, das Brot in Streifen schneiden und am besten noch warm servieren.

** Zwischengare ist der Fachbegriff für die Gehzeit, wenn man z. B. den Teig nach dem Kneten rund formt und diese Teigkugel vor dem Formen des Gebäckstückes/der Gebäckstücke noch einmal gehen lässt.*

Olivenfougasse*

Knetzeit:
3 Minuten langsam,
8 Minuten intensiver,
1 Minute Oliven unterheben,
gesamt 12 Minuten

Teigruhe nach dem Kneten:
30 Minuten + 20 Minuten Zwischengare

Gehzeit vor dem Backen:
ca. 45 Minuten

Backzeit:
ca. 28 Minuten bei
200 °C Heißluft oder
220 °C Ober-/Unterhitze

Zutaten für 1 Stück

250 g	Bio-Weizenmehl Type 700
5 g	Salz
5 g	Bio-Gerstenmalzmehl
5 g	frische Hefe
175 g	Wasser (22 °C)
50 g	entkernte grüne und schwarze Oliven

Bio-Weizenmehl Type 700 zum Bemehlen

Zubereitung

- Alle Zutaten bis auf die Oliven genau einwiegen und den Teig wie angegeben kneten, 1 Minute vor Ende des Knetvorganges die in Scheiben geschnittenen Oliven leicht bemehlen und langsam unter den Teig kneten, dann den Teig auf eine bemehlte Arbeitsfläche geben und 30 Minuten zugedeckt rasten lassen.
- Den Teig locker rund formen (wirken) und weitere 20 Minuten zugedeckt bei Raumtemperatur rasten lassen.
- Die Teigkugel mit der Hand etwas flach drücken und mit etwas Weizenmehl zu einem ca. 25 x 25 cm großen Quadrat ausrollen.
- Das Brot vorsichtig auf ein Backblech legen und die Oberfläche mithilfe eines Siebes mit Weizenmehl bestreuen, leicht mit Wasser befeuchten, mit einem Geschirrtuch abdecken und bei Raumtemperatur ca. 45 Minuten gehen lassen.
- Den Backofen auf 200 °C Heißluft vorheizen und ein hitzebeständiges Gefäß in den Backofen stellen.
- Vor dem Backen mit einer Teigkarte mehrere Male den Teig „durchstechen" und diese entstandenen Einschnitte leicht auseinanderziehen.
- Wasser oder Eiswürfel in das hitzebeständige Gefäß schütten und das Brot auf der mittleren Schiene des Backofens backen, eventuell nach ²⁄₃ der Backzeit das Backblech einmal wenden.
- Auf einem Küchenrost leicht auskühlen lassen, in Streifen schneiden und servieren.

Das Typische an diesem französischen Fladenbrot sind seine Einschnitte, die in beliebigen Mustern erfolgen können. Statt Oliven kann man viele andere Zutaten in den Teig mischen (z. B. Kräuter, Speck, getrocknete Tomaten etc.).

Zupfbrot

Zutaten für 1 Stück

1 kg	Mischbrot, z. B. Buttermilchbrot (Rezept s. unten)
120 g	Butter
250 g	Emmentaler Käse, in Scheiben geschnitten
4	Knoblauchzehen
ca. 2 EL	Olivenöl
1	Zwiebel
1 Bund	Schnittlauch
1 Bund	Petersilie
Salz und Pfeffer	

Für das Zupfbrot nimmt man am besten Mischbrot. Es kann auch ein oder zwei Tage alt sein, dann lässt es sich leichter einschneiden.

Zubereitung

- Den Backofen auf 180 °C Heißluft vorheizen.
- Das Brot gitterförmig längs und quer tief einschneiden, aber nicht durchschneiden, dann vorsichtig auseinanderziehen und die Butter in den Einschnitten verteilen, die Käsescheiben ebenfalls in die Zwischenräume füllen.
- Knoblauchzehen schälen, fein hacken, mit dem Olivenöl vermengen und das Brot damit (am besten mit einem Pinsel) bestreichen.
- Die Zwiebel schälen und fein hacken, die Kräuter waschen, trocken tupfen und fein schneiden, mit der Zwiebel vermischen und über das ganze Brot verteilen, mit Salz und Pfeffer würzen und in den vorgeheizten Backofen schieben.
- Das Brot 20 Minuten bei 180 °C überbacken.

Buttermilchbrot

Zubereitung

- 325 g Wasser (32 °C) und 150 g Buttermilch (Raumtemperatur) vermischen, darin 21 g frische Hefe auflösen. 350 g Roggenmehl Type 960, 250 g Weizenmehl Type 480, 12 g Salz, 6 g Gerstenmalzmehl, 29 g getrockneten Roggenvollkornsauerteig dazugeben und alle Zutaten mit einem Kochlöffel kurz durchmischen.
- Teig 8 Minuten langsam und 2 Minuten intensiver kneten, anschließend auf eine leicht bemehlte Arbeitsfläche geben und zugedeckt 30 Minuten rasten lassen.
- Mit einem feinen Sieb einen länglichen Gärkorb mit Roggenmehl bestauben, den Brotteig nach der Teigruhe in zwei gleich große Teigstücke teilen und rund formen, beide Teigstücke mit dem Schluss nach oben in die Gärkörbe legen, mit einem Geschirrtuch abdecken und bei Raumtemperatur ca. 30 Minuten gehen lassen.
- Danach das Brot auf ein Backblech stürzen, eine hitzebeständige Form mit Eiswürfeln oder Wasser in den auf 250 °C vorgeheizten Backofen stellen, das Blech mit dem Brot auf die mittlere Schiene des Backofens schieben, die Hitze sobald das Brot im Ofen ist auf 185 °C reduzieren und 50–55 Minuten backen.
- Das Brot muss sich nach der Backzeit beim Klopfen an der Unterseite „hohl" anhören, dann ist es gut durchgebacken, das fertige Brot auf einem Küchenrost gut auskühlen lassen.

Limettenbrot
mit Räucherforelle und Kren

Knetzeit:
3 Minuten langsam, 6 ½ Minuten intensiver, gesamt 9 ½ Minuten

Teigruhe nach dem Kneten:
20 Minuten + 15 Minuten Zwischengare

Gehzeit vor dem Backen:
ca. 30 Minuten

Backzeit:
ca. 25 Minuten bei 210 °C Heißluft oder 230 °C Ober-/Unterhitze

Limette trifft Forelle. Und das alles in einem Teig – verfeinert mit herzhaftem Kren (Meerrettich). Probieren Sie diese außergewöhnliche Kombination!

Zutaten für 2 Stück

TEIG

300 g	Bio-Weizenmehl Type 700
7 g	Salz
7 g	Bio-Gerstenmalzmehl
10 g	Butter
10 g	frische Hefe
15 g	Limettensaft
160 g	Wasser (22 °C)

abgeriebene Schale von 2 unbehandelten Bio-Limetten (ca. 15 g)

FÜLLE

2	Räucherforellenfilets (ca. 200 g)
60 g	Kren (Meerrettich)

Zubereitung

- Alle Teigzutaten bis auf die Limettenschale genau einwiegen und den Teig wie angegeben kneten, 2 Minuten vor Knetende den Limettenabrieb langsam unterkneten, anschließend den Teig 20 Minuten zugedeckt rasten lassen.
- Zwei Teigstücke zu je ca. 260 g auswiegen, diese jeweils rund formen (wirken) und weitere 15 Minuten zugedeckt bei Raumtemperatur rasten lassen.
- Die beiden Teigstücke zu länglichen Fladen ausrollen (sie sollten doppelt so lang wie die Forellenfilets sein)
- Die Forellenfilets jeweils auf eine Hälfte der Teigfladen legen, etwas Kren darüberstreuen und jeweils die unbelegte Teighälfte über die belegte Teighälfte legen, sodass die Filets vom Teig bedeckt sind, die Teigenden gut andrücken.
- Die beiden Brote leicht rechteckig formen, mit wenig Wasser besprühen, mit einem Geschirrtuch abdecken und bei Raumtemperatur ca. 30 Minuten gehen lassen.
- Den Backofen auf 210 °C Heißluft vorheizen und ein hitzebeständiges Gefäß in den Backofen stellen.
- Die Limettenbrote vor dem Backen mit einem scharfen Teigmesser bis zur Fülle einschneiden und noch einmal mit Wasser befeuchten.
- Wasser oder Eiswürfel in das hitzebeständige Gefäß schütten und die Brote auf der mittleren Schiene des Backofens backen, eventuell nach ⅔ der Backzeit das Backblech einmal wenden.
- Nach dem Backen auf einem Küchenrost auskühlen lassen.

Fladenknäckebrot

Knetzeit:
3 Minuten langsam, 6 ½ Minuten intensiver, gesamt 9 ½ Minuten

Teigruhe nach dem Kneten:
30 Minuten

Gehzeit vor dem Backen:
45 Minuten

Backzeit:
ca. 25 Minuten bei 210 °C Heißluft oder 230 °C Ober-/Unterhitze

Zutaten für 1 Blech

250 g	Bio-Weizenmehl Type 700
5 g	Salz
5 g	Bio-Gerstenmalzmehl
10 g	Weizengrieß
30 g	Olivenöl
8 g	frische Hefe
150 g	Wasser (22 °C)

Bio-Weizenmehl Type 700 zum Bestreuen
etwas Olivenöl

Zubereitung

- Alle Zutaten genau einwiegen und den Teig wie angegeben kneten, anschließend etwas Weizenmehl über den Teig streuen und 30 Minuten zugedeckt rasten lassen.
- Ein Backblech mit Backpapier auslegen und leicht mit Olivenöl bestreichen.
- Den Teig auf eine bemehlte Arbeitsfläche geben und auf Blechgröße ausrollen, dann auf das Backblech legen, leicht mit Wasser befeuchten und mit einem Geschirrtuch abdecken, bei Raumtemperatur ca. 45 Minuten gehen lassen.
- Den Backofen auf 210 °C Heißluft vorheizen und ein hitzebeständiges Gefäß in den Backofen stellen.
- Vor dem Backen mit den Fingern Vertiefungen in den Teig drücken.
- Mit etwas Dampf backen, dazu wenig Wasser oder einige Eiswürfel in das hitzebeständige Gefäß schütten und anschließend den Fladen auf der mittleren Schiene des Backofens backen, eventuell nach ⅔ der Backzeit das Backblech einmal wenden.
- Auf einem Küchenrost auskühlen lassen und in Stücke schneiden oder brechen.

Bruschetta
à la Backprofi

Bruschetta ist eine ideale Vorspeise, mit der Sie Ihre Gäste verzaubern können. Ob Sie als Grundlage das Baguette „nature“ (Rezept siehe S. 58), das Rosmarinbaguette (Rezept siehe S. 62) oder das Zwiebelbaguette (Rezept S. 64) verwenden, bleibt ganz Ihnen überlassen, schmecken wird es auf jeden Fall!

Zutaten für ca. 10 Stück

BELAG	
250 g	Tomaten
1	Knoblauchzehe
10	Basilikumblätter
50 g	Olivenöl
Salz und Pfeffer	
1	Baguette
Olivenöl zum Bestreichen	

Zubereitung

- Die Tomaten waschen und in kleine Würfel schneiden, den Knoblauch schälen und fein schneiden, die Basilikumblätter waschen und fein hacken.
- Alle Zutaten vermischen, 50 g Olivenöl beimengen, mit Salz und Pfeffer abschmecken und mindestens 30 Minuten ziehen lassen.
- Den Backofen auf 200 °C Heißluft vorheizen.
- Das Baguette in ca. 1 cm dicke Scheiben schneiden, die Oberseiten der Baguettescheiben mit etwas Olivenöl bestreichen im vorgeheizten Backofen 5–8 Minuten backen, bis sie ganz knusprig sind (man kann die Baguettescheiben auch in einer Pfanne knusprig anbraten).
- Anschließend die Baguettes mit den Tomatenwürfeln belegen und heiß servieren.

VARIANTEN

Bruschetta galt ursprünglich in in Süditalien als „Arme-Leute-Essen“, oft wurde Weißbrot in Scheiben geschnitten, knusprig geröstet und einfach nur mit etwas Olivenöl bestrichen und mit Knoblauch eingerieben – das schmeckt übrigens hervorragend als Beilage zu Salaten oder zu Suppen!
Ihrer Fantasie sind jedoch beim Belag von knusprig gerösteten Weißbrotscheiben keine Grenzen gesetzt. Versuchen Sie doch auch folgende Kombinationen:

STEIRISCHE BRUSCHETTA: klein gehackte gekochte Käferbohnen mit Kürbiskernöl, fein gehackten Zwiebeln, Salz und etwas Essig vermengen.
SCHINKEN-KÄSE-BRUSCHETTA: Kochschinken, Käse und Essiggurkerln in feine Streifen schneiden, mit ein bisschen Mayonnaise, Gurkenessig und Pfeffer gut vermischen.
GEMÜSE-JOGHURT-BRUSCHETTA: Kleinwürfelig geschnittene Paprikaschoten, Zucchini oder beliebiges anderes Gemüse in Olivenöl mit fein gehackter Schalotte kurz rösten, mit etwas Joghurt, Salz, Oregano und Thymian vermischen.

Gefüllte Teigtasche
mit Käse und Zwiebel

Knetzeit:
3 Minuten langsam, 6 ½ Minuten intensiver, gesamt 9 ½ Minuten

Teigruhe nach dem Kneten:
20 Minuten + 20 Minuten Zwischengare

Gehzeit vor dem Backen:
ca. 30 Minuten

Backzeit:
ca. 28 Minuten bei 200 °C Heißluft oder 220 °C Ober-/Unterhitze

Ein einfacher Snack, schnell zubereitet und köstlich im Geschmack. Frisch aus dem Ofen – direkt auf den Tisch. So herrlich kann Backen sein!

Zutaten für 2 Stück

TEIG	
500 g	Bio-Weizenmehl Type 700
10 g	Salz
10 g	Bio-Gerstenmalzmehl
25 g	Olivenöl
15 g	frische Hefe
300 g	Wasser (22 °C)

FÜLLE	
250 g	Schafkäse (z. B. Feta)
100 g	Frischkäse
50 g	Gouda, gerieben
50 g	Zwiebel, fein gehackt
10 g	Schnittlauch in Röllchen
4	Cherrytomaten, geviertelt

1 Ei zum Bestreichen

Zubereitung

- Alle Zutaten für den Teig genau einwiegen und wie angegeben kneten, dann den Teig auf eine bemehlte Arbeitsfläche geben und 20 Minuten zugedeckt rasten lassen.
- In der Zwischenzeit für die Fülle alle Zutaten gut vermischen und beiseitestellen.
- Nach der Teigruhe mit einer Teigkarte den Teig in zwei gleich große Stücke zu je ca. 430 g teilen, jeweils locker rund formen (wirken) und weitere 20 Minuten zugedeckt bei Raumtemperatur rasten lassen.
- Die Teigkugeln jeweils mit der Hand etwas flach drücken und mit etwas Weizenmehl leicht oval und relativ dünn ausrollen (ca. 35 cm lang), die beiden Teigstücke auf ein mit Backpapier ausgelegtes Backblech legen und die Teigränder leicht mit Wasser bestreichen.
- In der Mitte der Teigstücke die vorbereitete Fülle gleichmäßig verteilen, die Teigränder von allen Seiten ca. 5 cm über die Fülle klappen, sodass die Fülle in der Mitte noch zu sehen ist.
- Die Brote leicht mit Wasser befeuchten, mit einem Geschirrtuch abdecken und bei Raumtemperatur ca. 30 Minuten rasten lassen.
- Den Backofen auf 200 °C Heißluft vorheizen.
- Vor dem Backen die eingeschlagenen Teigränder mit dem versprudelten Ei bestreichen und ohne Dampf auf der mittleren Schiene des Backofens backen.
- Auf einem Küchenrost leicht auskühlen lassen und lauwarm servieren.

Gefüllte Brotteigtasche mit Speck

Knetzeit:
8 Minuten langsam, 2 Minuten intensiver, gesamt 10 Minuten

Teigruhe nach dem Kneten:
30 Minuten + 20 Minuten Zwischengare

Gehzeit vor dem Backen:
ca. 30 Minuten

Backzeit:
ca. 30 Minuten bei 200 °C Heißluft oder 220 °C Ober-/Unterhitze

Zutaten für 2 Stück

TEIG	
15 g	frische Hefe
380 g	Wasser (32 °C)
100 g	Bio-Roggenvollkornmehl
250 g	Bio-Roggenmehl Type 960
150 g	Bio-Weizenmehl Type 1600
10 g	Salz
10 g	Bio-Gerstenmalzmehl
25 g	Bio-Roggenvollkorn-sauerteig (getrocknet)
20 g	Schmalz
6 g	Bio-Brotgewürz (Kümmel, Fenchel, Anis)

FÜLLE	
300 g	Speckwürfel
150 g	Creme fraîche
30 g	Frühlingszwiebeln, fein gehackt

Brezensalz und Kümmel zum Bestreuen

Zubereitung

- Die Hefe mit einem Schneebesen im temperierten Wasser auflösen, die restlichen Zutaten für den Teig genau einwiegen und mit der im Wasser aufgelösten Hefe wie angegeben kneten, danach den Teig auf eine bemehlte Arbeitsfläche geben, locker rund formen und 30 Minuten zugedeckt rasten lassen.
- In der Zwischenzeit alle Zutaten für die Fülle vermischen und beiseitestellen.
- Nach der Teigruhe den Teig mit einer Teigkarte in zwei gleich große Stücke zu je ca. 480 g teilen, diese jeweils locker rund formen (wirken) und weitere 20 Minuten zugedeckt bei Raumtemperatur rasten lassen.
- Die Teigkugeln mit der Hand etwas flach drücken und mit etwas Roggenmehl leicht oval und relativ dünn ausrollen (ca. 35 cm lang), die beiden Teigstücke auf ein mit Backpapier ausgelegtes Backblech legen und die Teigränder leicht mit Wasser bestreichen.
- In der Mitte der Teigstücke die vorbereitete Fülle gleichmäßig verteilen, die Teigränder von allen Seiten ca. 5 cm über die Fülle klappen, sodass die Fülle in der Mitte noch zu sehen ist.
- Die Brote leicht mit Wasser befeuchten, mit einem Geschirrtuch abdecken und bei Raumtemperatur ca. 30 Minuten rasten lassen.
- Den Backofen auf 200 °C Heißluft vorheizen und ein hitzebeständiges Gefäß in den Backofen stellen.
- Vor dem Backen die Teigtaschen gut mit Wasser besprühen und etwas Brezensalz und Kümmel auf die Teigränder streuen.
- Wasser oder einige Eiswürfel in das hitzebeständige Gefäß schütten und die Brotteigtaschen mit viel Dampf auf der mittleren Schiene des Backofens backen.
- Auf einem Küchenrost leicht auskühlen lassen und lauwarm servieren.

Gefüllte Vollkorntasche
mit Thunfisch

Knetzeit:
3 Minuten langsam, 5 Minuten intensiver, gesamt 8 Minuten

Teigruhe nach dem Kneten:
20 Minuten + 15 Minuten Zwischengare

Gehzeit vor dem Backen:
ca. 30 Minuten

Backzeit:
ca. 28 Minuten bei 200 °C Heißluft oder 220 °C Ober-/Unterhitze

Zutaten für 2 Stück

TEIG	
400 g	Bio-Dinkelvollkornmehl
100 g	Bio-Roggenvollkornmehl
10 g	Salz
10 g	Bio-Gerstenmalzmehl
10 g	Bio-Roggenvollkorn-sauerteig (getrocknet)
20 g	Olivenöl
15 g	frische Hefe
360 g	Wasser (22 °C)

FÜLLE	
250 g	Sauerrahm
170 g	Thunfisch
15 g	Frühlingszwiebeln, fein gehackt
50 g	Kapern
Salz und Pfeffer	

Sesam zum Bestreuen

Zubereitung

- Alle Zutaten für den Teig genau einwiegen und wie angegeben kneten, den Teig auf eine bemehlte Arbeitsfläche geben und 20 Minuten zugedeckt rasten lassen.
- In der Zwischenzeit alle Zutaten für die Fülle gut vermischen und beiseitestellen.
- Nach der Teigruhe den Teig in zwei gleich große Teigstücke zu je ca. 460 g teilen, jeweils locker rund formen (wirken) und weitere 15 Minuten zugedeckt bei Raumtemperatur rasten lassen.
- Die Teigkugeln mit der Hand etwas flach drücken und mit etwas Dinkelvollkornmehl leicht oval und relativ dünn ausrollen (ca. 35 cm lang), die beiden Teigstücke auf ein mit Backpapier ausgelegtes Backblech legen und die Teigränder leicht mit Wasser bestreichen.
- In der Mitte der Teigstücke die vorbereitete Fülle gleichmäßig verteilen, die Teigränder von allen Seiten ca. 5 cm über die Fülle klappen, sodass die Fülle in der Mitte noch zu sehen ist.
- Die Brote leicht mit Wasser befeuchten, mit einem Geschirrtuch abdecken und bei Raumtemperatur ca. 30 Minuten rasten lassen.
- Den Backofen auf 200 °C Heißluft vorheizen und ein hitzebeständiges Gefäß in den Backofen stellen.
- Vor dem Backen die Teigtaschen gut mit Wasser besprühen und etwas Sesam über die Teigränder streuen.
- Wasser oder Eiswürfel in das hitzebeständige Gefäß schütten und die Teigtaschen auf der mittleren Schiene des Backofens backen.
- Auf einem Küchenrost leicht auskühlen lassen und lauwarm servieren.

Rosmarinschnecken
mit Mozzarella, Rohschinken und Rucola

Knetzeit:
3 Minuten langsam,
7 Minuten intensiver,
gesamt 10 Minuten

Teigruhe nach dem Kneten:
30 Minuten

Gehzeit vor dem Backen:
ca. 30 Minuten

Backzeit:
ca. 28 Minuten bei
220 °C Heißluft oder
240 °C Ober-/Unterhitze

REZEPT MIT VIDEO!
Einfach den abgebildeten QR-Code scannen oder unter www.derbackprofi.at ansehen!

Zutaten für ca. 20 Stück

TEIG	
500 g	Bio-Weizenmehl Type 700
10 g	Salz
10 g	Bio-Gerstenmalzmehl
20 g	Olivenöl
3 g	frischer Rosmarin, geschnitten
15 g	frische Hefe
300 g	Wasser (22 °C)

BELAG	
150 g	Mozzarella, gerieben
90 g	Rohschinken (z. B. Vulcano)
ca. 50 g	Rucola

Olivenöl zum Beträufeln
Brezensalz zum Bestreuen

Zubereitung

- Alle Zutaten für den Teig genau einwiegen und wie angegeben kneten, danach den Teig auf eine bemehlte Arbeitsfläche geben, locker rund formen und 30 Minuten zugedeckt rasten lassen.
- Den Teig auf der leicht bemehlten Arbeitsfläche zu einem ca. 40 x 40 cm großen Quadrat ausrollen.
- Den geriebenen Mozzarella gleichmäßig über dem ganzen Teig verteilen, den Rohschinken darauflegen und den Rucola darüberstreuen, dann den gefüllten Teig von oben nach unten wie einen Strudel einrollen.
- Mit einem scharfen Teigmesser gleichmäßige, ca. 1,5 cm dicke Scheiben abschneiden und auf ein mit Backpapier ausgelegtes Backblech legen.
- Die Scheiben mit der Hand leicht flach drücken, damit die Spiralform besser sichtbar wird.
- Die Teiglinge leicht mit Wasser besprühen, mit einem Geschirrtuch abdecken und bei Raumtemperatur ca. 30 Minuten rasten lassen.
- Den Backofen auf 220 °C Heißluft vorheizen und ein hitzebeständiges Gefäß in den Backofen stellen.
- Vor dem Backen die Schnecken leicht mit Olivenöl beträufeln und mit etwas Brezensalz bestreuen.
- Wasser oder Eiswürfel in das hitzebeständige Gefäß schütten anschließend die Schnecken auf der mittleren Schiene des Backofens backen, eventuell nach ⅔ der Backzeit das Backblech einmal wenden (Achtung: Die Backzeit richtet sich nach der Größe der Schnecken).
- Nach dem Backen auf einem Küchenrost auskühlen lassen.

Blechpizza

Knetzeit:
3 Minuten langsam, 7 Minuten intensiver, gesamt 10 Minuten

Teigruhe nach dem Kneten:
30 Minuten

Gehzeit vor dem Backen:
ca. 30 Minuten

Backzeit:
ca. 28 Minuten bei 220 °C Heißluft oder 240 °C Ober-/Unterhitze

Ich liebe Pizza mit nicht allzu dünnem, herrlich flaumigem Teig! Deshalb ist bei meinen Pizza-Rezepten auch eine Backzeit von knapp einer halben Stunde nötig.

Zutaten für 1 Blech

TEIG	
500 g	Bio-Weizenmehl Type 700
10 g	Salz
10 g	Bio-Gerstenmalzmehl
50 g	Olivenöl
2 g	Oregano, gerebelt
15 g	frische Hefe
290 g	Wasser (22 °C)

BELAG (Menge nach Belieben)
- Tomatensauce
- Schinken
- Mais
- Champignons
- Pizzakäse* etc.

Olivenöl zum Bestreuen

Zubereitung

- Alle Zutaten für den Teig genau einwiegen und wie angegeben kneten, danach den Teig auf eine bemehlte Arbeitsfläche geben, locker rund formen und 30 Minuten zugedeckt rasten lassen.
- In der Zwischenzeit ein Backblech mit Backpapier auslegen und leicht mit Olivenöl bestreichen.
- Nach der Teigruhe den aufgegangenen Teig direkt auf das Backblech geben und mit beiden Händen gleichmäßig auf dem ganzen Blech verteilen (man kann den Teig auch zuerst mit einem Rundholz ausrollen und dann mit den Händen auf Backblechgröße ziehen).
- Den Teig nach Wunsch belegen, mit der Tomatensauce beginnen.
- Die fertig belegte Pizza leicht mit Wasser befeuchten, mit einem Geschirrtuch abdecken und nochmals ca. 30 Minuten bei Raumtemperatur rasten lassen.
- Den Backofen auf 220 °C Heißluft vorheizen.
- Die Pizza auf der mittleren Schiene des Backofens backen.

****Statt Pizzakäse können Sie natürlich jeden beliebigen selbst geriebenen Käse verwenden.***

Steirer-Pizza

Knetzeit:
3 Minuten langsam, 7 Minuten intensiver, gesamt 10 Minuten

Teigruhe nach dem Kneten:
30 Minuten

Gehzeit vor dem Backen:
ca. 30 Minuten

Backzeit:
ca. 28 Minuten bei 220 °C Heißluft oder 240 °C Ober-/Unterhitze

Zutaten für 1 Blech

TEIG	
500 g	Bio-Weizenmehl Type 700
10 g	Salz
10 g	Bio-Gerstenmalzmehl
40 g	steirisches Kürbiskernöl
30 g	Kren (Meerrettich)
15 g	frische Hefe
290 g	Wasser (22 °C)

BELAG (Menge nach Belieben)
Tomatensauce
Rohschinken (z. B. Vulcano)
Steirerkäse (oder anderer würziger Sauermilchkäse)
Kürbiskerne
Olivenöl zum Bestreuen

Zubereitung

- Alle Zutaten für den Teig genau einwiegen und wie angegeben kneten, danach den Teig auf eine bemehlte Arbeitsfläche geben, locker rund formen und 30 Minuten zugedeckt rasten lassen.
- In der Zwischenzeit ein Backblech mit Backpapier auslegen und leicht mit Olivenöl bestreichen.
- Nach der Teigruhe den aufgegangenen Teig direkt auf das Backblech geben und mit beiden Händen gleichmäßig auf dem ganzen Blech verteilen (man kann den Teig auch zuerst mit einem Rundholz ausrollen und dann mit den Händen auf Backblechgröße ziehen).
- Den Teig nach Wunsch belegen, mit der Tomatensauce beginnen.
- Die fertig belegte Pizza leicht mit Wasser befeuchten, mit einem Geschirrtuch abdecken und nochmals ca. 30 Minuten bei Raumtemperatur rasten lassen.
- Den Backofen auf 220 °C Heißluft vorheizen.
- Auf der mittleren Schiene des Backofens backen.

Brotteigpizza

Knetzeit:
3 Minuten langsam,
7 Minuten intensiver,
gesamt 10 Minuten

Teigruhe nach dem Kneten:
30 Minuten

Gehzeit vor dem Backen:
ca. 30 Minuten

Backzeit:
ca. 32 Minuten bei
200 °C Heißluft oder
220 °C Ober-/Unterhitze

Eine Pizza mit Brotteig schmeckt einfach himmlisch. Ich belege sie am liebsten mit Vulcano-Wurst- und Speckspezialitäten und jeder Menge Käse. Diese Pizza ist etwas ganz Besonderes!

Zutaten für 1 Blech

TEIG	
370 g	Wasser (32 °C)
15 g	frische Hefe
300 g	Bio-Roggenmehl Type 960
200 g	Bio-Weizenmehl Type 1600
10 g	Salz
10 g	Bio-Gerstenmalzmehl
20 g	Bio-Roggenvollkorn-sauerteig (getrocknet)
30 g	Schweineschmalz

BELAG (Menge nach Belieben)
- Tomatensauce
- Salami (z. B. Vulcano Ariatella)
- geräuchertes Karree oder anderer Räucherspeck
- Mozzarella
- Mais
- Blauschimmelkäse
- Pizzakäse*
- Pfefferoni

Olivenöl zum Bestreuen

** Statt Pizzakäse können Sie natürlich jeden beliebigen selbst geriebenen Käse verwenden.*

Zubereitung

- Für den Vorteig temperiertes Wasser in eine Rührschüssel geben, die Hefe beimengen und mit einem Schneebesen verrühren, bis sich die Hefe aufgelöst hat.
- Die restlichen Zutaten für den Teig genau einwiegen, mit dem Vorteig vermengen und wie angegeben kneten, danach den Teig auf eine bemehlte Arbeitsfläche geben, locker rund formen und 30 Minuten zugedeckt rasten lassen.
- In der Zwischenzeit ein Backblech mit Backpapier auslegen und leicht mit Olivenöl bestreichen.
- Nach der Teigruhe den aufgegangenen Teig direkt auf das Backblech geben und mit beiden Händen gleichmäßig am ganzen Blech verteilen (man kann den Teig auch zuerst mit einem Rundholz ausrollen und dann mit den Händen auf Backblechgröße ziehen).
- Den Teig nach Wunsch belegen, mit der Tomatensauce beginnen.
- Die fertig belegte Pizza leicht mit Wasser befeuchten, mit einem Geschirrtuch abdecken und nochmals ca. 30 Minuten bei Raumtemperatur rasten lassen.
- Den Backofen auf 200 °C Heißluft vorheizen.
- Auf der mittleren Schiene des Backofens backen.

Burger – hausgemacht

Kapitel 5

Backprofis Bio-Spezialburger:

Burgerbrötchen vom Ofner

Knetzeit:
3 Minuten langsam, 6 Minuten intensiver, gesamt 9 Minuten

Teigruhe nach dem Kneten:
20 Minuten

Gehzeit vor dem Backen:
ca. 30 Minuten

Backzeit:
ca. 22 Minuten bei 200 °C Heißluft oder 220 °C Ober-/Unterhitze

REZEPT MIT VIDEO!
Einfach den abgebildeten QR-Code scannen oder unter www.derbackprofi.at ansehen!

Zutaten für 4 Stück

380 g	Bio-Weizenmehl Type 700
5 g	Salz
8 g	Bio-Gerstenmalzmehl
5 g	Zucker
25 g	Butter
3 g	Rosmarin, fein gehackt
20 g	Röstzwiebeln
1	Knoblauchzehe, fein gehackt
21 g	frische Hefe
150 g	Wasser (28 °C)
90 g	Milch (kühl)

Sesam zum Bestreuen

Zubereitung

- Alle Zutaten genau einwiegen und den Teig wie angegeben kneten, anschließend 20 Minuten zugedeckt rasten lassen.
- Den Teig auf eine leicht bemehlte Arbeitsfläche geben, vier Teigstücke zu je ca. 180 g auswiegen und diese jeweils locker rund formen bzw. rund schleifen.
- Die Oberfläche mit Wasser befeuchten, die Brötchen in Sesam wälzen und auf ein Backblech legen, dabei ganz leicht flach drücken.
- Die Brötchen mit Wasser befeuchten, mit einem Geschirrtuch abdecken und bei Raumtemperatur ca. 30 Minuten gehen lassen.
- Den Backofen auf 200 °C Heißluft vorheizen und ein hitzebeständiges Gefäß in den Backofen stellen.
- Vor dem Backen die Brötchen nochmals kräftig mit Wasser besprühen.
- -Wasser oder Eiswürfel in das hitzebeständige Gefäß schütten und anschließend die Brötchen auf der mittleren Schiene des Backofens goldgelb backen, nach ²/₃ der Backzeit das Backblech einmal wenden.
- Nach dem Backen auf einem Küchenrost auskühlen lassen.

Rezept für die Burgerfülle siehe S. 133.

Perfekte Zusammenarbeit: Der Backprofi und der Kochprofi

Vor einigen Jahren habe ich gemeinsam mit Hans Windisch vom Hügellandhof „Backprofis Bio-Spezialburger“ kreiert. Was alles mit einem lustigen Video auf Youtube begonnen hat, wird mittlerweile von tausenden Fans nachgemacht. Im Jahr 2015 gab es dann sogar die erste Facebook-Burger-Party, bei der wir hunderte Fans mit hausgemachten Burgern verwöhnen konnten. Mittlerweile sind die Burger-Partys ein fixer Bestandteil in unserem Veranstaltungskalender geworden. Bei 450 g Burger-Spaß kann man halt nicht nein sagen!

Ganz besonders freue ich mich aber, dass der liebe Hans für jedes neue Burgerbrötchen-Rezept von mir eine passende „Fülle“ kreiert. Unvergesslich sind die gemeinsamen Stunden in seiner Küche und die herrlichen Burger sowieso – einfach ein Traum! Wir wünschen allen viel Spaß beim Nachmachen!

Die wichtigsten Bestandteile eines Burgers sind das Burgerbrötchen (engl. bun) und ein Laibchen (engl. patty), das meist (aber nicht immer) aus faschiertem Fleisch besteht. Zusätzlich werden Burger ganz nach Belieben mit Salatblättern, Tomaten- oder Gurkenscheiben und verschiedenen Saucen gefüllt.

HÜGELLANDHOF
Schemerlhöhe 58, 8076 Vasoldsberg
Tel.: +43(0)3133/2201
office@huegellandhof.eu • www.huegellandhof.eu

Backprofis Bio-Spezialburger:
Burgerfülle

Zutaten für 4 Stück

BURGERLAIBCHEN	
800 g	Rinderfaschiertes (Hackfleisch)
Salz und Pfeffer	
2 EL	Sonnenblumenöl
4	Scheiben Cheddarkäse
8 dünne	Speckscheiben

COCKTAILSAUCE	
80 g	Ketchup
120 g	Mayonnaise
20 g	Cognac
Chilipulver und Salz	

BARBECUESAUCE	
80 g	Ketchup
20 g	Senf
2	Knoblauchzehen, fein gehackt
20 g	Honig
20 g	Sojasauce
15 g	rauchiger Whiskey (oder Räucheröl)
Paprikapulver und Salz	

4	Burgerbrötchen vom Ofner
4 Blatt	Eisbergsalat
8	Tomatenscheiben
2	Zwiebeln, in Ringe geschnitten

Zubereitung

- Für die Saucen jeweils alle Zutaten gut verrühren.
- Für die Burgerlaibchen das Faschierte mit Salz und Pfeffer sehr gut durchkneten (dadurch bindet sich das Eiweiß beim Braten besser) und vier Laibchen aus der Masse formen.
- Die Laibchen mit Öl bestreichen, auf dem heißen Grill beidseitig knusprig braten (sie dürfen innen noch leicht rosa sein).
- Auf die Burgerlaibchen jeweils eine Scheibe Cheddarkäse legen und gratinieren (im vorgeheizten Backofen bei voller Oberhitze bis der Käse schmilzt), währenddessen den Speck knusprig braten.
- Die Burgerbrötchen halbieren und mit den Schnittflächen nach unten ebenfalls kurz auf dem Grill antoasten.
- Nun jeden Burger folgendermaßen fertigstellen:
  - untere Hälfte eines getoasteten, warmen Burgerbrötchens
  - Cocktailsauce
  - 1 Blatt Eisbergsalat
  - 2 Tomatenscheiben
  - Zwiebelringe
  - 1 Burgerlaibchen mit Cheddarkäse
  - 2 knusprige Speckscheiben
  - Barbecue Sauce
  - obere Hälfte eines getoasteten, warmen Burgerbrötchens
- Zum Fixieren links und rechts je einen Holzspieß (eventuell mit Cocktailtomaten oder anderem Gemüse garniert) von oben nach unten in den Burger stecken und den Burger in der Mitte mit einem Sägemesser durchschneiden.

Steirer-Burger:
Steirisches Burgerbrötchen

Knetzeit:
3 Minuten langsam, 6 Minuten intensiver, gesamt 9 Minuten

Teigruhe nach dem Kneten:
20 Minuten

Gehzeit vor dem Backen:
ca. 30 Minuten

Backzeit:
ca. 20 Minuten bei 200 °C Heißluft oder 220 °C Ober-/Unterhitze

Zutaten für 6 Stück

405 g	Bio-Weizenmehl Type 700
8 g	Salz
8 g	Bio-Gerstenmalzmehl
16 g	Butter
16 g	steirisches Kürbiskernöl
40 g	steirische Kürbiskerne, geschrotet
12 g	frische Hefe
220 g	Wasser (22 °C)

Kürbiskerne zum Bestreuen

Zubereitung

- Alle Zutaten genau einwiegen und den Teig wie angegeben kneten, anschließend 20 Minuten zugedeckt rasten lassen.
- Den Teig auf eine leicht bemehlte Arbeitsfläche geben, sechs Teigstücke zu je ca. 120 g auswiegen und diese locker rund formen bzw. rund schleifen.
- Die Oberfläche mit Wasser befeuchten, Brötchen in Kürbiskernen wälzen und auf ein Backblech legen.
- Dabei die Burgerbrötchen ganz leicht flach drücken, mit Wasser befeuchten, mit einem Geschirrtuch abdecken und bei Raumtemperatur ca. 30 Minuten gehen lassen.
- Den Backofen auf 200 °C Heißluft vorheizen und ein hitzebeständiges Gefäß in den Backofen stellen.
- Vor dem Backen die Brötchen nochmals kräftig mit Wasser besprühen.
- Wasser oder Eiswürfel in das hitzebeständige Gefäß schütten und anschließend die Brötchen auf der mittleren Schiene des Backofens goldgelb backen, nach ⅔ der Backzeit das Backblech einmal wenden.
- Nach dem Backen auf einem Küchenrost auskühlen lassen.

Steirer-Burger: Burgerfülle

Zutaten für 6 Stück

BURGERLAIBCHEN

900 g	Rinderfaschiertes (Hackfleisch)
Salz und Pfeffer	
2 EL	Sonnenblumenöl
300 g	Steirerkäse
12	Scheiben Räucherspeck (z. B. Vulcano)

KÄFERBOHNENCREME

25 g	Schalotten, fein geschnitten
1 Zweig	frischer Thymian
5 g	Knoblauch, fein gehackt
10 g	Butter
80 g	Obers (Sahne)
150 g	gekochte Käferbohnen
15 g	Kren (Meerrettich), gerieben
15 g	steirisches Kürbiskernöl
Salz und Pfeffer	

6	steirische Burgerbrötchen
60 g	Vogerlsalat (Feldsalat)
60 g	Radieschen, in Stifte geschnitten

Zubereitung

- Für die Käferbohnencreme die Schalotten, den Thymian und den Knoblauch in Butter anschwitzen, mit Obers aufgießen und die Käferbohnen dazugeben, einmal aufkochen lassen und mit dem Kren und dem Kernöl aufmixen, mit Salz und Pfeffer abschmecken.
- Für die Laibchen das Faschierte mit Salz und Pfeffer sehr gut durchkneten (dadurch bindet sich das Eiweiß beim Braten besser) und sechs Laibchen aus der Masse formen.
- Die Laibchen mit Öl bestreichen, auf dem heißen Grill beidseitig knusprig braten (die Laibchen dürfen innen noch leicht rosa sein).
- Die Laibchen mit dem Steirerkäse belegen und gratinieren (im vorgeheizten Backofen bei voller Oberhitze bis der Käse schmilzt), währenddessen den Räucherspeck knusprig braten.
- Die Burgerbrötchen halbieren und mit den Schnittflächen nach unten ebenfalls kurz auf dem Grill antoasten.
- Nun jeden Burger folgendermaßen fertigstellen:
  - untere Hälfte eines getoasteten, warmen
  - Burgerbrötchens
  - Käferbohnensauce
  - Vogerlsalat
  - 1 Burgerlaibchen mit Steirerkäse
  - 2 Scheiben Räucherspeck
  - Radieschenstifte
  - obere Hälfte eines getoasteten, warmen Burgerbrötchens
- Mit einem von oben nach unten in den Burger gesteckten Holzsspieß fixieren oder links und rechts je einen Holzspieß in den Burger stecken und den Burger in der Mitte mit einem Sägemesser durchschneiden.

Chicken-Burger:
Einfaches Burgerbrötchen

Knetzeit:
3 Minuten langsam, 6 Minuten intensiver, gesamt 9 Minuten

Teigruhe nach dem Kneten:
20 Minuten

Gehzeit vor dem Backen:
ca. 30 Minuten

Backzeit:
ca. 20 Minuten bei 200 °C Heißluft oder 220 °C Ober-/Unterhitze

Zutaten für 6 Stück

420 g	Bio-Weizenmehl Type 700
8 g	Salz
5 g	Bio-Gerstenmalzmehl
25 g	Butter
12 g	frische Hefe
260 g	Wasser (22 °C)

Sesam zum Bestreuen

Zubereitung

- Alle Zutaten genau einwiegen und den Teig wie angegeben kneten, anschließend 20 Minuten zugedeckt rasten lassen.
- Den Teig auf eine leicht bemehlte Arbeitsfläche geben, sechs Teigstücke zu je ca. 120 g auswiegen, diese locker rund formen bzw. rund schleifen und auf ein Backblech legen, dabei ganz leicht flach drücken.
- Die Brötchen mit Wasser befeuchten, in der Mitte mit etwas Sesam bestreuen, mit einem Geschirrtuch abdecken und bei Raumtemperatur ca. 30 Minuten gehen lassen.
- Den Backofen auf 200 °C Heißluft vorheizen und ein hitzebeständiges Gefäß in den Backofen stellen.
- Vor dem Backen die Brötchen nochmals kräftig mit Wasser besprühen.
- Wasser oder Eiswürfel in das hitzebeständige Gefäß schütten und anschließend die Brötchen auf der mittleren Schiene des Backofens goldgelb backen, nach ⅔ der Backzeit das Backblech einmal wenden.
- Nach dem Backen auf einem Küchenrost auskühlen lassen.

Chicken-Burger: Burgerfülle

Zutaten für 6 Stück

BURGERLAIBCHEN

800 g	Hendlbrust ohne Haut
100 g	Obers (Sahne)
Salz und Pfeffer	
Rosmarin, fein gehackt	
2 EL	Sonnenblumenöl

CREMECHAMPIGNONS

40 g	Butter
40 g	Zwiebeln, fein gehackt
180 g	Champignons, fein blättrig geschnitten
100 g	Obers (Sahne)
Salz und Pfeffer	
Petersilie, fein gehackt	

CURRYSAUCE

120 g	Sauerrahm (saure Sahne)
120 g	Mayonnaise
5 g	Currypulver
60 g	Ananasstücke
Salz und Pfeffer	

6	Burgerbrötchen
6 Blatt	Eisbergsalat

Zubereitung

- Für die Cremechampignons die Butter leicht bräunen, Zwiebel und Champignons dazugeben, gut durchrösten, dann mit Obers aufgießen und bis zu einer cremigen Konsistenz einreduzieren, abschmecken und mit Petersilie vollenden.
- Für die Currysauce alle Zutaten gut vermischen und mit Salz und Pfeffer würzen.
- Für die Burgerlaibchen die Hendlbrust fein hacken oder fein faschieren, das Obers gut und kräftig damit verrühren, mit Salz, Pfeffer und Rosmarin abschmecken, aus der Masse sechs Laibchen formen.
- Die Laibchen mit Öl bestreichen, auf dem heißen Grill oder in der Pfanne beidseitig knusprig braten.
- Die Burgerbrötchen halbieren und mit den Schnittflächen nach unten ebenfalls kurz auf dem Grill antoasten.
- Nun jeden Burger folgendermaßen fertigstellen:
  - untere Hälfte eines getoasteten, warmen Burgerbrötchens
  - 1 Blatt Eisbergsalat
  - Currysauce
  - 1 Burgerlaibchen
  - 1 EL Cremechampignons
  - obere Hälfte eines getoasteten, warmen Burgerbrötchens
- Mit einem von oben nach unten in den Burger gesteckten Holzspieß fixieren oder links und rechts je einen Holzspieß in den Burger stecken und den Burger in der Mitte mit einem Sägemesser durchschneiden.

Fisch-Burger:
Süßes Burgerbrötchen

Knetzeit:
3 Minuten langsam, 6 Minuten intensiver, gesamt 9 Minuten

Teigruhe nach dem Kneten:
30 Minuten

Gehzeit vor dem Backen:
ca. 30–45 Minuten

Backzeit:
ca. 20 Minuten bei 170 °C Heißluft oder 190 °C Ober-/Unterhitze

Zutaten für 6 Stück

170 g	Milch
60 g	Butter
380 g	Bio-Weizenmehl Type 700
5 g	Salz
60 g	Zucker
1	Eidotter (Eigelb)
30 g	frische Hefe

1 Ei und Salz zum Bestreichen

Zubereitung

- Die Milch und die Butter in einem Kochtopf gut lauwarm erwärmen (optimal ist eine Temperatur von ca. 38 °C, aber auf keinen Fall zu heiß werden lassen!).
- Die restlichen Zutaten genau einwiegen und den Teig mit dem Milch-Butter-Gemisch wie angegeben kneten, anschließend 30 Minuten zugedeckt rasten lassen.
- Den Teig auf eine leicht bemehlte Arbeitsfläche geben, sechs Teigstücke zu je ca. 110 g auswiegen, diese locker rund formen bzw. rund schleifen und auf ein Backblech legen.
- Dabei die Burgerbrötchen ganz leicht flach drücken, mit Wasser befeuchten, mit einem Geschirrtuch abdecken und bei Raumtemperatur ca. 30–45 Minuten gehen lassen, bis sich das Volumen zumindest verdoppelt hat.
- Den Backofen auf 170 °C Heißluft vorheizen.
- Das Ei mit einer Prise Salz gut versprudeln und die Brötchen vor dem Backen gleichmäßig damit bestreichen.
- Die Brötchen ohne Dampf auf der mittleren Schiene des Backofens goldgelb backen, nach ⅔ der Backzeit das Backblech einmal wenden.
- Nach dem Backen auf einem Küchenrost auskühlen lassen.

Fisch-Burger: Burgerfülle

Zutaten für 6 Stück

BURGERLAIBCHEN

800 g	Lachsforellenfilet ohne Haut und ohne Gräten
140 g	Obers (Sahne)
20 g	Noilly Prat (Wermut) oder Pernod (Anisschnaps)
Salz und Pfeffer	
2 EL	Sonnenblumenöl

FRISCHKÄSETATAR MIT LIMETTEN

1	Limette
2 EL	Frischkäse
2 EL	Sauerrahm
2 EL	Mayonnaise
10 g	Kapern, fein gehackt
10 g	Sardellen, fein gehackt
60 g	Essiggurkerln, kleinwürfelig geschnitten
2	hart gekochte Eier, geschält und fein gehackt
Salz und Pfeffer	

6	süße Burgerbrötchen
ca. 60 g	Kresse
24	Gurkenscheiben (2 mm dünn)
100 g	Forellenkaviar

Zubereitung

- Für das Frischkäsetatar die Limette schälen (auch die weiße Haut) und filetieren, die Limettenfilets mit den übrigen Zutaten vermengen und gut durchrühren.
- Für die Burgerlaibchen die Fischfilets fein hacken oder fein faschieren, das flüssige Obers gut einrühren, mit Noilly Prat oder Pernod verfeinern und mit Salz und Pfeffer abschmecken, sechs Laibchen aus der Masse formen.
- Die Laibchen mit Öl bestreichen, auf dem heißen Grill oder in der Pfanne beidseitig knusprig braten.
- Die Burgerbrötchen halbieren und mit den Schnittflächen nach unten ebenfalls kurz auf dem Grill antoasten.
- Nun jeden Burger folgendermaßen fertigstellen:
  - untere Hälfte eines getoasteten, warmen Burgerbrötchens
  - Kresse
  - 4 Gurkenscheiben
  - 1 Fischlaibchen
  - Frischkäsetatar
  - Forellenkaviar
  - obere Hälfte eines getoasteten, warmen Burgerbrötchens
- Mit einem von oben nach unten in den Burger gesteckten Holzsspieß fixieren oder links und rechts je einen Holzspieß in den Burger stecken und den Burger in der Mitte mit einem Sägemesser durchschneiden.

Italo-Burger: Mediterranes Burgerbrötchen

Knetzeit:
3 Minuten langsam, 6 Minuten intensiver, gesamt 9 Minuten

Teigruhe nach dem Kneten:
20 Minuten

Gehzeit vor dem Backen:
ca. 30 Minuten

Backzeit:
ca. 20 Minuten bei 200 °C Heißluft oder 220 °C Ober-/Unterhitze

Zutaten für 6 Stück

420 g	Bio-Weizenmehl Type 700
8 g	Salz
5 g	Bio-Gerstenmalzmehl
40 g	Olivenöl
12 g	frische Hefe
240 g	Wasser (22 °C)

Polenta (Maisgrieß) zum Bestreuen

Zubereitung

- Alle Zutaten genau einwiegen und den Teig wie angegeben kneten, anschließend 20 Minuten zugedeckt rasten lassen.
- Den Teig auf eine leicht bemehlte Arbeitsfläche geben, sechs Teigstücke zu je ca. 120 g auswiegen, diese locker rund formen bzw. rund schleifen und auf ein Backblech legen, dabei ganz leicht flach drücken.
- Die Brötchen mit Wasser befeuchten und rundum in Polenta wälzen, mit einem Geschirrtuch abdecken und bei Raumtemperatur ca. 30 Minuten gehen lassen.
- Den Backofen auf 200 °C Heißluft vorheizen und ein hitzebeständiges Gefäß in den Backofen stellen.
- Vor dem Backen die Brötchen nochmals kräftig mit Wasser besprühen.
- Wasser oder Eiswürfel in das hitzebeständige Gefäß schütten und anschließend die Brötchen auf der mittleren Schiene des Backofens goldgelb backen, nach ⅔ der Backzeit das Backblech einmal wenden.
- Nach dem Backen auf einem Küchenrost auskühlen lassen.

Italo-Burger: Burgerfülle

Zutaten für 6 Stück

BURGERLAIBCHEN	
900 g	Rinderfaschiertes (Hackfleisch)
Salz und Pfeffer	
2 EL	Sonnenblumenöl
6	Scheiben Büffelmozzarella oder Burrata (ca. 300 g)

TOMATENRAGOUT	
12	Cocktailtomaten
1 Bund	frisches Basilikum
40 g	Olivenöl
Salz	

6	mediterrane Burgerbrötchen
60 g	Rucola
12	dünne Scheiben Rohschinken (z. B. San Daniele)

Zubereitung

- Für die Burgerlaibchen Faschiertes mit Salz und Pfeffer sehr gut durchkneten (dadurch bindet sich das Eiweiß beim Braten besser) und sechs Laibchen aus der Masse formen.
- Die Laibchen mit Öl bestreichen, auf dem heißen Grill beidseitig knusprig braten (die Laibchen dürfen innen noch leicht rosa sein).
- Die Laibchen mit je einer Scheibe Büffelmozzarella bzw. der Burrata belegen und gratinieren (im vorgeheizten Backofen bei voller Oberhitze bis der Käse schmilzt).
- Die Burgerbrötchen halbieren und mit den Schnittflächen nach unten ebenfalls kurz auf dem Grill antoasten.
- Für das Ragout die Cocktailtomaten in Scheiben schneiden und mit dem fein geschnittenen Basilikum, dem Olivenöl und Salz marinieren.
- Nun jeden Burger folgendermaßen fertigstellen:
  - untere Hälfte eines getoasteten, warmen Burgerbrötchens
  - Rucola
  - 1 Burgerlaibchen mit Burrata bzw. Mozzarella
  - Tomatenragout
  - Rohschinken
  - obere Hälfte eines getoasteten, warmen Burgerbrötchens
- Mit einem von oben nach unten in den Burger gesteckten Holzsspieß fixieren oder links und rechts je einen Holzspieß in den Burger stecken und den Burger in der Mitte mit einem Sägemesser durchschneiden.

Veggie-Burger: Burgerbrötchen aus Dinkelvollkornmehl

Knetzeit:
3 Minuten langsam, 5 Minuten intensiver, gesamt 8 Minuten

Teigruhe nach dem Kneten:
20 Minuten

Gehzeit vor dem Backen:
ca. 30 Minuten

Backzeit:
ca. 20 Minuten bei 200 °C Heißluft oder 220 °C Ober-/Unterhitze

Zutaten für 6 Stück

420 g	Bio-Dinkelvollkornmehl
8 g	Salz
5 g	Bio-Gerstenmalzmehl
32 g	Olivenöl
12 g	frische Hefe
250 g	Wasser (22 °C)

Dinkelflocken zum Bestreuen

Zubereitung

- Alle Zutaten genau einwiegen und den Teig wie angegeben kneten, anschließend 20 Minuten zugedeckt rasten lassen.
- Den Teig auf eine leicht bemehlte Arbeitsfläche geben, sechs Teigstücke zu je ca. 120 g auswiegen, diese locker rund formen bzw. rund schleifen und auf ein Backblech legen, dabei ganz leicht flach drücken.
- Die Brötchen mit Wasser befeuchten, rundum in Dinkelflocken wälzen, mit einem Geschirrtuch abdecken und bei Raumtemperatur ca. 30 Minuten gehen lassen.
- Den Backofen auf 200 °C Heißluft vorheizen und ein hitzebeständiges Gefäß in den Backofen stellen.
- Vor dem Backen die Brötchen nochmals kräftig mit Wasser besprühen.
- Wasser oder Eiswürfel in das hitzebeständige Gefäß schütten und anschließend die Brötchen auf der mittleren Schiene des Backofens goldgelb backen, nach ⅔ der Backzeit das Backblech einmal wenden.
- Nach dem Backen auf einem Küchenrost auskühlen lassen.

Veggie-Burger: Burgerfülle

Zutaten für 6 Stück

BURGERLAIBCHEN

380 g	Kartoffeln, gekocht, geschält und gerieben
100 g	Zucchini, gerieben
120 g	Karotten, geschält und gerieben
120 g	Sellerie, geschält und gerieben
120 g	Asmonte oder Parmesan, gerieben
60 g	Schnittlauch, fein geschnitten

Salz und Pfeffer

40 g	Semmelbrösel (Paniermehl) zum Wälzen
2 EL	Olivenöl zum Anbraten

AVOCADOCREME

3	Avocados
½	Zitrone (Saft)
250 g	Sauerrahm (saure Sahne)

Salz, Pfeffer

KARAMELLISIERTE ZWIEBELN

2	Zwiebeln, geschält und in Ringe geschnitten
20 g	brauner Zucker
50 g	Butter

Salz

6	Burgerbrötchen aus Dinkelvollkornmehl
6 Blatt	Eisbergsalat
6 Blatt	Radicchiosalat

Zubereitung

- Für die Avocadocreme die geschälten und entkernten Avocados mit der Gabel zerdrücken und mit Zitronensaft verrühren, Sauerrahm beifügen und mit Salz und Pfeffer abschmecken.
- Für die Gemüselaibchen alle Zutaten gut vermengen, sechs Laibchen aus der Masse formen und diese in den Semmelbröseln wälzen.
- In einer Pfanne im erhitzten Öl beidseitig gut anbraten, bis der Käse schmilzt.
- Die Zwiebelringe im Zucker wälzen, die Butter in einer Pfanne erhitzen und die Zwiebelringe darin braten, bis sie eine bräunliche Farbe bekommen, anschließend leicht salzen.
- Die Burgerbrötchen halbieren und mit den Schnittflächen nach unten ebenfalls in der Pfanne (alternativ im Backofen) kurz antoasten.
- Nun jeden Burger folgendermaßen fertigstellen:
  - untere Hälfte eines getoasteten, warmen Burgerbrötchens
  - 1 Blatt Eisbergsalat
  - karamellisierte Zwiebelringe
  - 1 Gemüselaibchen
  - 1 Blatt Radicchiosalat
  - Avocadocreme
  - obere Hälfte eines getoasteten, warmen Burgerbrötchens
- Mit einem von oben nach unten in den Burger gesteckten Holzsspieß fixieren oder links und rechts je einen Holzspieß in den Burger stecken und den Burger in der Mitte mit einem Sägemesser durchschneiden.

Aus unserem Programm

ISBN 978-3-7020-1539-8
CHRISTIAN OFNER
FEINGEBÄCK VOM OFNER
Süße Gebäckspezialitäten aus Österreich
3. Auflage, 144 Seiten, durchgehend farbig bebildert, Hc.

Krapfen, Osterbrot, Mohnpotize, Weihnachtsstollen & Co: Bäuerliches Brauchtumsgebäck und traditionelle süße Backwaren aus Österreich können mit Christian Ofners hilfreichen Schritt-für-Schritt-Bildern sowie vielen Anleitungsvideos (per QR-Code abzurufen) ganz leicht selbst gemacht werden.

ISBN 978-3-7020-1420-9
CHRISTIAN OFNER
SCHWARZBROT VOM OFNER
Vollkorn-, Urgetreide- sowie Spezialbrote und Klassiker
5. Auflage, 160 Seiten, durchgehend farbig bebildert, Hc.

Nach grundlegenden Informationen und Tipps zum Thema Brotbacken folgt der Rezeptteil mit über 50 Ideen für Schwarz- und Mischbrote, Vollkorn- und Urgetreidebrote sowie Spezialbrote wie Karotten-, Leinsamen- oder Apfelbrot.

ISBN 978-3-7020-1364-6
CHRISTIAN OFNER
KLEINGEBÄCK VOM OFNER
Vom Salzstangerl übers Bio-Weckerl bis zu selbst gebackenen Geschenksideen
8. Auflage, 144 Seiten, durchgehend farbig bebildert, Hc.

Backprofi Christian Ofner präsentiert seine besten Rezepte für Kleingebäck. Die nötigen Grundkenntnisse werden in Schritt-für-Schritt-Bildern vermittelt, die Rezepte beinhalten neben den bekannten Sorten wie Handsemmel, Laugenstange, Briochekipferl auch viele kreative neue Ideen.

LEOPOLD STOCKER VERLAG
www.stocker-verlag.com
Graz – Stuttgart